CardioFitness

Aprenda Tudo Sobre **Exercícios Cardiovasculares,** Equipamentos e Planejamento Para Obter um Corpo em Forma e Mais Forte!

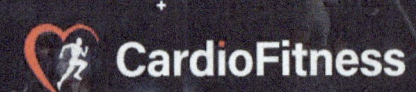

Sumário

Introdução.. 07

Capítulo 1: Por que atividades cardiovasculares são importantes..................... 09
- Benefícios.. 11
- O exercício aeróbico é seguro?... 18
- Ponto importante... 19

Capítulo 2: Como alcançar a aptidão física a qualquer momento..................... 20
- Determine o seu porque... 23
- Siga um plano de treino e nutrição... 25
- Acompanhe sua alimentação e performance nos treinos............................. 26
- Persiga seus objetivos.. 29

Capítulo 3: Exercícios ao ar livre e preparação física....................................... 30
- Como o treino é configurado.. 32
- Como fazer os movimentos 33

Capítulo 4: Alcançando todo o potencial do seu corpo................................... 40

- Qual é o seu potencial físico? 42
- Mentalidade 42
- Seis maneiras de transformar o desejo em realização física 44
- Preparação e organização 52

Capítulo 5: Como alcançar uma vida saudável e em forma? 55

- É mais do que estética 58
- Seja um exemplo 58
- Você aprende a mudança exata de comportamento 59
- Dicas para começar a fazer da saúde e da boa forma um estilo de vida 60

Capítulo 6: Torne o seu treino divertido com ideias de treino 62

- Atividades físicas fáceis para adultos 65
- Maneiras de manter as crianças ativas em casa 70
- Dicas para idosos permanecerem ativos em casa 74

Capítulo 7: Selecionando o Personal Trainer certo para você 77

- Credenciais 79

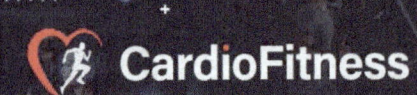

- Certifique-se de que definiu metas alcançáveis.. 82
- Observe o Personal Trainer com seus clientes... 83
- Peça uma consulta.. 84

Capítulo 8: Os diferentes equipamentos de treino para um corpo perfeito...... 86

- Dicas para escolher os equipamentos certos para os exercícios...................................... 88
- Algumas noções básicas que você deve saber... 88

Capítulo 9: Dicas de dieta para perder peso e melhorar a saúde........................ 93

- Melhores dicas de dieta para perder peso e melhorar a saúde....................................... 95
- Não beba suas calorias.. 97
- Preencha o vazio... 102

Capítulo 10: Ser Fitness não é uma perda de tempo... 105

- Motivos pelas quais o condicionamento físico é importante... 109

Conclusão... 112

© Copyright – Todos os direitos reservados.

De nenhuma forma é legal reproduzir, duplicar ou transmitir qualquer parte deste documento, tanto em meios eletrônicos como impressos. A gravação desta publicação é estritamente proibida e não é permitido qualquer armazenamento deste documento, a menos que haja permissão por escrito por parte do editor. Todos os direitos reservados. As informações contidas neste documento são declaradas como verdadeiras e consistentes, sendo que qualquer responsabilidade em termos de desatenção ou de outro motivo, por qualquer uso ou abuso de quaisquer políticas, processos ou instruções aqui contidos é de responsabilidade única e exclusiva do leitor. Sob nenhuma circunstância, qualquer responsabilidade legal ou culpa será imposta ao editor, referente a qualquer tipo de reparação, dano ou perda monetária causados por informações aqui contidas, direta ou indiretamente. Os respectivos autores são os proprietários de todos os direitos não detidos pelo editor.

Aviso Legal:

Este livro é protegido por direitos autorais, sendo exclusivamente destinado para uso pessoal. Você não pode alterar, distribuir, vender, usar, citar ou parafrasear qualquer parte ou o conteúdo deste livro sem o consentimento do autor ou do proprietário dos direitos autorais. Ações legais serão tomadas em caso de violação.

Isenção de Responsabilidade

Observe que as informações contidas neste documento são exclusivamente destinadas a fins educacionais e de entretenimento. Todos os esforços possíveis foram realizados para fornecer informações completas, precisas, atualizadas e confiáveis. Nenhuma garantia de qualquer tipo está expressa ou implícita. Os leitores reconhecem que o autor não está envolvido na prestação de aconselhamento jurídico, financeiro, médico ou profissional. Ao ler este documento, o leitor concorda que, sob nenhuma circunstância, sejamos responsáveis por quaisquer prejuízos, diretos ou indiretos, incorridos como resultado do uso das informações contidas neste documento, incluindo, mas não se limitando a erros, omissões ou imprecisões.

Sobre o Autor

AVANTE EDITORIAL é uma empresa residente no BRASIL, que adora compartilhar conhecimento e ajudar outras pessoas no tópico referente a SAÚDE e BEM ESTAR.

AVANTE EDITORIAL é uma pessoa dedicada, que sempre se esforça ao máximo para ir além. Palavras De Sabedoria de AVANTE EDITORIAL:

"Eu acredito que não há segredos para se tornar bem-sucedido na vida. E eu realmente acredito que o resultado do verdadeiro sucesso na vida é proveniente do trabalho duro, da preparação e, o mais importante de tudo, do aprendizado através das falhas."

Qual é a primeira coisa que você pensa quando escuta "cardio"? Provavelmente correr ou talvez exercícios elípticos, bicicleta estacionária ou até mesmo remo, acertei?

Mas há muito mais em exercícios cardiorrespiratórios do que treino de resistência em estado estático - mais conhecidos como transportes para o longo curso.

Para ter e manter um corpo saudável você deve se conectar com uma agenda de exercícios regulares. Se seu corpo pode fazer qualquer coisa e também gosta de fazer exercícios de lazer, então você é fisicamente fit. Inclusive, para um corpo fitness é mais fácil de lidar com estresse e fazer algum tipo de exercício mesmo em tempos difíceis.

Uma das coisas essenciais para qualquer exercício é começar pelo aquecimento. Quando o corpo está aquecido ele coloca seus músculos em uma condição onde eles conseguem lidar com stress e exercícios mais rigorosos. E depois dos exercícios, uma parte dele deve ser direcionada para fazer com que o corpo volte a esfriar novamente. Nunca faça muitos exercícios.

Uma boa pedida é fazer uma caminhada todos os dias. Mas se você fizer flexões regularmente, pode ser que aconteça efeitos adversos para o seu corpo. Um cronograma de atividades físicas deve ser planejado de um modo com que o corpo esteja preparado para todos os tipos de atividades. O corpo deve ser competente para fazer desde simples até rigorosos exercícios. Os exercícios devem ser cardiovasculares e terem um bom alongamento inicial.

Juntamente com os exercícios, o mais importante também cuidar de uma dieta. Para aqueles que estão se exercitando para eliminar excesso de peso, então o melhor é ter uma dieta formada por comidas de baixa caloria e por comidas que fornecerão mais resistência. Em média, cerca de 240 a 400 calorias são queimadas quando você faz exercícios de ciclismo e 740 a 800 calorias são queimadas em uma corrida.

Este guia terá uma pequena história sobre os componentes usados em atividades físicas. Com um corpo fit pode-se sobreviver por mais tempo, pois o corpo tem mais capacidade de manter os níveis necessários de oxigênio e todos os nutrientes que são essenciais para o perfeito funcionamento do corpo.

Vamos começar...

CAPÍTULO 1

POR QUE ATIVIDADES CARDIOVASCULARES SÃO IMPORTANTES?

O exercício aeróbico é qualquer atividade que faça seu sangue bombear e trabalhar grandes grupos musculares. Também é conhecido como atividade cardiovascular. Exemplos de exercícios aeróbicos incluem:

- caminhada
- natação
- limpeza pesada ou jardinagem
- corrida
- ciclismo
- futebol

Especialistas recomendam ter pelo menos 150 minutos de exercício de aeróbica moderada ou 75 minutos de vigorosa atividade toda semana.

Um breve passeio e natação são exemplos de atividades moderadas. Corridas e ciclismo são exemplos de atividades vigorosas.

Mas porque exercícios aeróbicos são tão importantes? Continue lendo para aprender sobre os benefícios e dicas de como incorporar exercícios aeróbicos na sua rotina.

Benefícios

1. **Melhora a saúde cardiovascular**

O exercício aeróbico é recomendado pela maioria dos médicos para pessoas com, ou em risco de, doenças cardíacas. Isso ocorre porque o exercício fortalece o coração e o ajuda a bombear o sangue com mais eficiência por todo o corpo.

O exercício cardiovascular também pode ajudar a reduzir a pressão arterial e manter as artérias limpas, aumentando o colesterol "bom" da lipoproteína de alta densidade (HDL) e diminuindo os níveis do colesterol "ruim" da lipoproteína de baixa densidade (LDL) no sangue.

Se você está procurando especificamente reduzir a pressão arterial e o colesterol, faça exercícios aeróbicos de intensidade moderada a vigorosa por 40 minutos entre 3 e 4 vezes por semana.

2. Reduz a pressão arterial

O exercício cardiovascular pode ajudá-lo a controlar os sintomas da pressão alta. Isso porque os exercícios podem ajudar a reduzir a pressão arterial. Aqui estão outras maneiras de reduzir a pressão arterial sem medicação.

3. Ajuda a regular o açúcar no sangue

A atividade física regular ajuda a regular os níveis de insulina e baixar o açúcar no sangue, ao mesmo tempo que mantém o peso corporal sob controle. Em um estudo com pessoas com diabetes tipo 2, os pesquisadores descobriram que qualquer forma de movimento, aeróbio ou anaeróbico, pode ter esses efeitos.

4. Reduz os sintomas da asma

O exercício aeróbico pode ajudar as pessoas com asma a diminuir a frequência e a gravidade dos ataques de asma.
No entanto, você ainda deve conversar com seu médico antes de iniciar uma nova rotina de exercícios se tiver asma. Eles podem recomendar atividades ou precauções específicas para ajudar a mantê-lo seguro durante o treino.

5. Reduz a dor crônica

Se você tem dor nas costas crônica, exercícios cardiovasculares - especificamente atividades de baixo impacto, como natação ou hidroginástica - podem ajudá-lo a recuperar a função muscular e a resistência. Os exercícios também podem ajudar a perder peso, o que pode reduzir ainda mais a dor crônica nas costas.

6. Ajuda a dormir

Se você está tendo problemas para dormir à noite, tente exercícios cardiovasculares durante as horas de vigília.

Um estudo com indivíduos com problemas crônicos de sono revelou que um programa de exercícios regulares combinado com educação sobre higiene do sono é um tratamento eficaz para a insônia.

Os participantes se envolveram em atividades aeróbicas por 16 semanas e, em seguida, responderam a questionários sobre seu sono e humor geral. O grupo de atividade relatou melhor qualidade e duração do sono, bem como melhorias na vigília diurna e vitalidade.

No entanto, fazer exercícios muito perto da hora de dormir pode dificultar o sono. Tente terminar o treino pelo menos duas horas antes de dormir.

7. Regula o peso

Você deve ter ouvido que a dieta e os exercícios são os blocos de construção para a perda de peso. Mas o exercício aeróbico sozinho pode ter o poder de ajudá-lo a perder peso e mantê-lo em forma.

Em um estudo, os pesquisadores pediram aos participantes com sobrepeso que mantivessem suas dietas iguais, mas que se engajassem em sessões de exercícios que queimariam de 400 a 600 calorias, 5 vezes por semana, durante 10 meses.

Os resultados mostraram perda de peso significativa, entre 4,3 % e 5,7% de seus pesos iniciais, para homens e mulheres. A maioria dos participantes caminhou ou correu em esteiras na maioria das sessões de exercícios. Se você não tiver acesso a uma esteira, tente fazer algumas caminhadas ou corridas rápidas por dia, como durante o intervalo do almoço ou antes do jantar.

Dependendo do seu peso e velocidade, você pode precisar caminhar ou correr até 6,4 km para queimar de 400 a 600 calorias. Cortar calorias, além de exercícios aeróbicos, pode reduzir a quantidade de exercício necessária para perder a mesma quantidade de peso.

8. Fortalece o sistema imunológico

Os pesquisadores examinaram mulheres ativas e sedentárias e o impacto dos exercícios em seus sistemas imunológicos.

- um grupo se exercitou em uma esteira por 30 minutos
- outro grupo fez uma explosão de atividade intensa durante 30 segundos
- o último grupo não fez exercícios

Todas as mulheres tiveram seu sangue colhido antes, depois e em intervalos diferentes nos dias e semanas após essas sessões de exercícios.

Os resultados mostraram que o exercício aeróbico regular e moderado aumenta certos anticorpos no sangue chamados imunoglobulinas. Isso, em última análise, fortalece o sistema imunológico. O grupo de mulheres sedentárias não viu melhora na função do sistema imunológico e seus níveis de cortisol eram muito mais elevados do que os dos grupos ativos.

9. Melhora a performance do cérebro

Você sabia que o cérebro começa a perder tecido depois que você chega aos 30 anos? Os cientistas descobriram que o exercício aeróbico pode retardar essa perda e melhorar o desempenho cognitivo.

Para testar esta teoria, 55 idosos submeteram-se a exames de ressonância magnética (RM) para avaliação. Os participantes foram então examinados para avaliar sua saúde, incluindo a aptidão aeróbica. Os adultos mais aptos mostraram menos reduções nas áreas frontal, parietal e temporal do cérebro. No geral, seu tecido cerebral era mais robusto.

O que isso significa para você? O exercício aeróbico faz bem ao corpo e ao cérebro.

10. Melhora o humor

Mover seu corpo também pode melhorar seu humor. Em um estudo com indivíduos com depressão, os participantes caminharam em uma esteira fazendo intervalos de 30 minutos por sessão. Após 10 dias, eles foram solicitados a relatar quaisquer mudanças em seu humor.

Todos os participantes relataram uma redução significativa em seus sintomas de depressão. Esses resultados sugerem que a prática de exercícios, mesmo por um curto período, pode ter um grande impacto no humor.

Você não precisa esperar quase duas semanas para ver melhorias. Os resultados do estudo revelaram que mesmo uma única sessão de exercícios pode ser suficiente para lhe dar um impulso.

11. Reduz o risco de quedas

Uma em cada três pessoas com mais de 65 anos cai a cada ano. As quedas podem causar ossos quebrados e, potencialmente, criar ferimentos para a vida toda ou deficiências. O exercício pode ajudar a reduzir o risco de quedas. E se você está preocupado por estar muito velho para começar a se exercitar, não se preocupe. Você tem muito a ganhar.

Resultados de um estudo com mulheres de 72 a 87 anos revelaram que a dança aeróbica, por exemplo, pode reduzir o risco de quedas, promovendo melhor equilíbrio e agilidade. As mulheres dançaram durante uma hora, 3 vezes por semana, durante um total de 12 semanas. As sessões de dança incluíam muitos movimentos de agachamento, equilíbrio de pernas e outras tarefas motoras básicas.

No final do estudo, as mulheres do grupo de controle tiveram um desempenho significativamente melhor em tarefas como ficar em uma perna com os olhos fechados. Elas também tiveram melhores forças físicas importantes que podem proteger o corpo de quedas.

Converse com seu médico antes de iniciar uma nova rotina de exercícios e comece devagar. As aulas em grupo podem ser uma ótima maneira de se exercitar com segurança. O instrutor pode dizer se você está fazendo os movimentos corretamente e também pode fornecer modificações, se necessário, para reduzir o risco de lesões.

12. Salva a maioria das pessoas, incluindo crianças

O exercício cardiovascular é recomendado para a maioria dos grupos de pessoas, mesmo para aqueles mais velhos ou com problemas crônicos de saúde. A chave é conversar com seu médico para descobrir o que funciona melhor para você.

Até as crianças devem fazer exercícios aeróbicos regulares. As recomendações para crianças são um pouco maiores do que para adultos. Procure fazer com que seu filho se mova pelo menos 60 minutos ou mais por dia. Atividades moderadas são boas, mas as crianças devem entrar na zona vigorosa pelo menos três dias por semana.

13. Acessível

Você não precisa de nenhum equipamento sofisticado ou de uma academia para se exercitar. Fazer exercícios diários pode ser tão fácil quanto caminhar pela vizinhança ou correr com um amigo em uma trilha local.

Outras maneiras de fazer exercícios aeróbicos gratuitamente ou baratos:

- Verifique escolas locais ou centros comunitários para horários de piscina. Muitos oferecem entrada gratuita para residentes ou têm taxas de escala móvel. Alguns centros oferecem até aulas de ginástica gratuitas ou econômicas para o público em geral.
- Navegue online para encontrar treinos gratuitos em sites como o YouTube.

- Verifique com seu empregador sobre descontos ou assinaturas gratuitas nas academias da área. Se seu local de trabalho não oferece nada, você pode ser elegível para incentivos por meio de seu plano de saúde.

O exercício aeróbico é seguro?

Fale com seu médico antes de iniciar uma nova rotina de exercícios. Embora o exercício aeróbico seja apropriado para a maioria das pessoas, há certas situações em que você pode querer estar sob a orientação de um médico.

Por exemplo:

- O exercício reduz o açúcar no sangue. Se você tem diabetes, verifique seus níveis de açúcar no sangue antes e depois do exercício. Comer um lanche saudável antes de começar a suar também ajudará a evitar que seus níveis caiam muito.
- Gaste mais tempo fazendo aquecimento antes de iniciar sua atividade se tiver dores musculares e articulares, como artrite. Considere tomar um banho quente antes de ir para a academia. Sapatos com bom amortecimento e controle de movimento também podem ajudar.

- Se você tem asma, procure exercícios com períodos mais curtos de atividade, como tênis ou beisebol. Assim, você pode fazer pausas para descansar os pulmões. E não se esqueça de usar um inalador quando necessário.
- Se você é novo nos exercícios, vá devagar. Comece por várias semanas fazendo 10 a 20 minutos em dias alternados. Isso ajudará com fadiga e dores musculares.

Ponto Importante

A maioria das pessoas deve tentar obter cerca de 30 minutos de atividade cardiovascular moderada pelo menos cinco dias por semana. Isso resulta em cerca de 150 minutos ou 2 horas e meia por semana. Você pode misturar intensidades e atividades para mantê-lo interessante.
Se você é novo na atividade, comece curto e devagar. Você sempre pode evoluir à medida que seu nível de condicionamento físico melhora. Lembre-se: qualquer movimento é melhor do que nenhum movimento.
Se você está sem tempo, considere dividir seu exercício ao longo do dia em várias partes de 10 minutos. Mesmo sessões curtas de exercícios aeróbicos são suficientes para colher os benefícios.

CAPÍTULO 2

COMO ALCANÇAR A APTIDÃO FÍSICA A QUALQUER MOMENTO

Todo mundo está correndo em alta velocidade neste momento e isso exige que a pessoa fique em forma. O que exatamente significa ser fitness?

É a aptidão de um indivíduo para se ajustar às mudanças e lidar com as pressões junto com as condições que continuam mudando. Todos aqueles que estão em boa forma terão uma mente tranquila e um corpo saudável em todas as situações. A aptidão física inclui a aptidão mental e corporal.

Por outro lado, podemos dizer que fitness é outro nome dado à saúde. As pressões da vida presente só podem ser enfrentadas com sucesso por quem tem boa saúde e, em outras palavras, para ter sucesso hoje é preciso permanecer em forma. Ambas as coisas estão relacionadas entre si. Aqueles que estão em forma são considerados vigorosos e seu nível de vigor aumenta a cada ponto.

A teoria da evolução afirma que aqueles que estão física e mentalmente aptos são os únicos que podem sobreviver e também permitir que seus genes sejam transmitidos. Portanto, podemos dizer que fitness é sinônimo de saúde; é também sobre a adaptação ao meio envolvente e ao ambiente em mudança. Para isso, é necessário seguir o cronograma regular de exercícios também, para se adequar a si mesmo e resistir no ambiente em constante mudança.

Muitas pessoas não cuidam do preparo físico e não o consideram de muita importância. Isso é evidente porque eles não conhecem os lucros da boa forma. Há muitos prazeres que são dados pela vida a cada indivíduo, mas eles só podem ser desfrutados se um deles estiver em forma.

É possível permanecer em forma o tempo todo? Sim, se alguém olhar positivamente para todas as coisas na vida, então a vida pode ser desenvolvida para dar-lhe uma aparência mais brilhante. Não se deve preocupar com a doença ou se você for forçado a andar um pouco mais de um quilômetro ou subir escadas no lugar do elevador.

Deve ser visto como uma ideia para ficar em forma se você for forçado a fazer algum trabalho físico. Esta é uma base sólida para o condicionamento físico. Isso tornaria você livre e sua mente também, em paz. Junto com isso, seu nível de confiança também aumentaria, pois você estaria pronto para aceitar qualquer coisa que vier em seu caminho.

O treinamento físico nada mais é do que fazer os músculos trabalharem de uma maneira que seu corpo fique em forma. Por sua vez, obtém-se um condicionamento físico no que diz respeito à aeróbica e aos músculos, o que aumenta a estabilidade e a elasticidade do corpo humano. Mas antes de iniciar qualquer programa de treinamento de aptidão física, você deve verificar sua capacidade física. Isso pode ser verificado com seu médico.

É preciso exercitar-se regularmente por 30 a 40 minutos e os exercícios podem incluir corrida, natação, ciclismo ou dança, etc., são todos tipos diferentes de aeróbica.

Para obter os melhores resultados, a atenção deve estar voltada para o condicionamento muscular. Se um programa de treinamento adequado for adotado, isso pode levar a melhorar a força dos músculos fracos também.

Junto com tudo isso, também é necessário ter uma dieta bem balanceada. O Ano Novo está chegando e a melhor maneira de seguir em frente com seus objetivos de saúde e boa forma é planejando.

Muitas pessoas são culpadas de estabelecer metas de Ano Novo apenas para desistir um mês depois. Frequentemente, isso se deve à falta de uma nutrição comprovada de um regime de exercícios. Alcançar seus objetivos de saúde e condicionamento físico pode ser simples, divertido e fácil quando abordado corretamente. Neste capítulo, você descobrirá 12 dicas poderosas que o ajudarão a atingir seus objetivos de saúde e condicionamento físico.

#1: Determine o seu porquê

Por que você deseja atingir essas metas específicas de saúde e condicionamento físico que você definiu?

O seu "porquê" é o principal motivo que o energiza para continuar avançando em busca de atingir seus objetivos.

Existem dois fatores principais para determinar o seu "porquê":

#1: Motivação interna - isso é identificado perguntando-se: "por que eu quero isso?" e "quais são as consequências de eu não atingir esses objetivos?"

#2: Motivação externa - Este tipo de motivação está associado a ser capaz de caber naqueles jeans mais finos ou ter um físico mais magro.

Descobrir o seu "porquê" e lembrar-se constantemente disso irá motivá-lo a perseguir seus objetivos quando as coisas ficarem difíceis.

#2: Simplicidade é a chave

Com todas as tendências de dieta e moda fitness a qual estamos expostos regularmente, pode ser opressor e aparentemente impossível manter apenas uma dieta e um regime fitness.

Na última década, as informações sobre saúde e condicionamento físico aumentaram grandemente. Tente não cair no hype e pular de uma tendência para a próxima!

É importante seguir apenas um plano de dieta e um regime de exercícios.

Mudar constantemente sua dieta ou programa de condicionamento físico só atrasará seus esforços para atingir seus objetivos de saúde e condicionamento físico.

#3: Defina metas realistas e específicas

Ao definir metas de saúde e condicionamento físico, certifique-se de deixar claro o que você deseja alcançar. Você também não quer torná-lo tão audacioso que pareça impossível de alcançar. Isso só vai desencorajá-lo no longo prazo. Por exemplo, um exemplo de uma meta ruim é "Quero perder muito peso".

Uma meta melhor e mais específica seria: "Quero perder 7 quilos até o final de abril, mantendo meu plano de nutrição e me exercitando três vezes por semana".

Anotar seus objetivos e observá-los regularmente também ajuda você a se manter comprometido e motivado para cumpri-los. Quanto mais específicos forem seus objetivos, mais fácil será tomar as medidas adequadas para alcançá-los.

#4: Controle-se

Ao focar em seus objetivos, esteja ciente de sua abordagem. Embora a pressão adicional dos "objetivos de Ano Novo" possa fazer você querer fazer tudo o mais rápido possível, pode ser uma receita para o esgotamento.

Embora o entusiasmo seja uma ótima característica, é importante pensar sobre como você planeja alcançar seus objetivos. Exagerar nas primeiras duas semanas do Ano Novo pode deixá-lo ferido e desanimado.

Em vez disso, tente começar devagar, especialmente se você não se exercitou regularmente no passado. Embora nossos corpos precisem ser desafiados, a consistência é mais importante do que qualquer outra coisa.

Exercitar por apenas 15-20 minutos todos os dias é muito mais eficaz do que realizar um treino intenso uma vez por semana. Isso o ajudará a ganhar impulso e fazer a bola rolar.

#5: Siga um plano de treino e nutrição

Em vez de entrar na academia e escolher usar qualquer máquina disponível no momento, seguir um plano de treino comprovado pode dar resultados muito melhores.

Se você não tiver certeza de qual regime de exercícios seguir, a AFPA recomenda seguir um conjunto simples de princípios, como:

- Mover-se diariamente (pelo menos 15 minutos)
- Incorporar exercícios de peso pelo menos duas vezes por semana
- Realizar exercícios cardiovasculares pelo menos uma vez por semana
- Realizar treinamento intervalado de alta intensidade uma vez por semana

Quando se trata de nutrição, tente não seguir nenhum plano de dieta extrema.

Um ótimo caminho para começar é cortando carboidratos processados e açúcar. Depois de um mês sem junk food e açúcar, você pode seguir um plano de dieta adequado aos seus interesses.

#6: Não pule dois dias consecutivos

Alcançar qualquer objetivo se resume em adotar hábitos diários e dar cada dia um passo de cada vez. Ao começar a se exercitar, cada dia virá com um pouco de resistência para atingir seu objetivo. Afinal, ninguém tem vontade de ir à academia depois de um longo dia de trabalho!

Mas, quando você age com base em seus objetivos todos os dias, você lentamente cria mais ímpeto até que o exercício se transforme em um hábito. Estudos mostram que leva aproximadamente 66 dias para uma pessoa comum adotar um bom hábito.

Praticar exercícios diários - não importa o quão pequenos sejam - irá induzir o hábito de se exercitar em sua rotina, tornando mais fácil atingir seus objetivos de condicionamento físico!

#7: Monitore a sua ingestão de alimentos e seu desempenho nos treinos

Como diz o ditado, "o que é medido é gerenciado". Quando se trata de perder peso, os bons resultados se resumem à ciência simples.

Se você está comendo menos calorias do que o seu corpo precisa para manter o peso atual, você perderá gordura. Isso também é conhecido como comer com déficit calórico.

Mas a única maneira de saber realmente se você está com um déficit calórico é monitorando sua ingestão de alimentos. Felizmente, vários aplicativos de rastreamento de calorias podem simplificar todo o processo.

#8: Obtenha um coach de saúde

A maneira mais rápida e garantida de atingir seus objetivos de saúde e boa forma é contratando um coach (treinador).

Se você está começando em uma jornada que nunca fez antes, sugerimos iniciar com um treinador de saúde ou personal trainer para ajudá-lo a superar quaisquer obstáculos e guiá-lo com um curso de ação experimentado e testado.

Os coaches têm um conhecimento enorme e podem ajudá-lo a obter resultados mais rápido do que qualquer outra abordagem. Eles não apenas o responsabilizarão quando os tempos ficarem difíceis, mas também terão todas as respostas para perguntas que você com certeza encontrará durante sua jornada.

#9: Encontre uma comunidade de apoio

Com o aumento do uso das mídias sociais, você pode encontrar uma comunidade de nicho específico, não importa o quão esotéricos sejam seus objetivos.

Quando você tem um grupo de pessoas que compartilham os mesmos objetivos, desejos e problemas que você, isso lhe dá a disciplina extra necessária para permanecer comprometido quando os tempos ficarem difíceis.

Ter um grupo de colegas que o apoia irá responsabilizá-lo, mantê-lo motivado e ajudá-lo a superar suas metas de saúde e preparo físico, do que se você estivesse sozinho. Pode ser tão simples quanto ingressar em grupos do Facebook de pessoas com os mesmos objetivos e interesses que você.

Veja como: Se você gosta de dietas à base de plantas, digite "dietas à base de plantas" na barra de pesquisa, clique na guia dos grupos e você verá centenas de comunidades que amam dietas à base de plantas.

#10: Tenha um sono profundo e de qualidade

Entre o trabalho, o tempo com a família e o cumprimento de seus objetivos, o sono às vezes pode ser deixado de lado. É crucial ter pelo menos sete a oito horas de sono para evitar que seu corpo e mente se esgotem rápido.

Se seu objetivo é perder peso, o sono deve ser uma prioridade. A pesquisa mostrou que as pessoas que dormem uma noite inteira perdem mais gordura e sentem menos fome ao longo do dia.

#11: Use recompensas de forma inteligente

Uma ótima estratégia para se motivar a perseguir seus objetivos de saúde e condicionamento físico é usar recompensas eficazes. Mas tome cuidado para não permitir que essas recompensas atrapalhem. Por exemplo, tente não usar junk food como recompensa por ir a uma sessão de ioga. Claro que isso pode motivá-lo a se exercitar, mas pode prejudicá-lo a longo prazo.

Em vez disso, faça uma refeição ou comida fraudulenta de vez em quando, apenas porque você deseja, não porque merece. Você também pode usar recompensas não relacionadas a alimentos. Se você adora assistir à Netflix, evite assistir TV até depois de se exercitar durante o dia.

#12: Priorize suas metas

É extremamente importante tornar-se uma prioridade. Depois de definir a meta (e anotá-la), você não deve permitir que nada que não seja uma emergência atrapalhe.

Não use sua família ou amigos como desculpa para comer nada saudável ou pular uma sessão de ginástica. Deixe seus entes queridos saberem sobre seus objetivos para que entendam que você precisa de algum tempo para si mesmo para poder se exercitar regularmente.

Dica: Muitos empreendedores de alto desempenho perseguem seus objetivos logo de manhã. Se você está deixando a vida atrapalhar seus objetivos, tente acordar uma hora extra mais cedo e fazer seu treino assim que acordar.

Persiga seus objetivos

O sucesso com seus objetivos não precisa ser uma decisão de vida estressante e aparentemente impossível. Alcançar seus objetivos de saúde e condicionamento físico pode ser simples e até divertido quando abordado corretamente.

Se você é um iniciante em exercícios e dieta, contratar com um técnico de saúde ou um personal trainer pode ser um investimento fantástico de tempo e dinheiro. Você ficará surpreso com a rapidez com que alcançará seus objetivos apenas trabalhando com alguém que já fez isso antes.

Tirar um dia de cada vez, manter a consistência e seguir uma dieta e um plano de exercícios adequados quase garantirá que você alcance seus objetivos rapidamente!

CAPÍTULO 3

EXERCÍCIOS AO AR LIVRE E PREPARAÇÃO FÍSICA

Com a mudança dos tempos, todos agora estão familiarizados com o que precisam para estar em forma.

Não importa se a atividade física é para ser realizada em ambientes fechados ou ao ar livre, todos aproveitam a oportunidade que podem mantê-los em forma.

Junto com os exercícios internos, os exercícios ao ar livre estão na moda agora. Com os exercícios, pode-se obter as seguintes vantagens.

1. Para trabalhar da melhor forma e obter o máximo benefício, apenas o básico de aparelhos são necessários. Fora isso, existem alguns exercícios que podem ser feitos sem qualquer maquinário.

2. Não há necessidade de estar entre aquelas pessoas que atrapalham e não há necessidade de estar no meio da aglomeração.

3. Não há necessidade de sair para caminhar ou dirigir por causa da boa forma.

4. O ar fresco pode ser apreciado ao máximo.

5. Não é necessária nenhuma roupa especial, nem mesmo nenhum tipo de maquiagem.

6. A vitamina D do sol pode ser tomada.

7. Não é preciso malhar em um horário fixo, exercite-se como e quando quiser e no lugar que quiser.

Existem alguns motivos que não podemos acrescentar à lista, que são também os motivos para aderir à rotina dos exercícios ao ar livre. Existem muitas outras coisas sobre as quais podemos ponderar. Depois de saber sobre os benefícios dos exercícios ao ar livre, agora é necessário saber em quais atividades podemos nos envolver para os exercícios ao ar livre.

Esteja você de férias, viajando a trabalho ou passando algum tempo fora de casa por qualquer outro motivo, pode ser difícil adaptar seu treino normal fora da academia ou em casa.

Frequentar uma aula de ginástica local pode ser uma opção, mas nem sempre é viável. Às vezes, você só precisa de uma rotina rápida e sem equipamentos que faça o trabalho, não importa onde você esteja. Pontos de bônus para algo que trabalha todo o seu corpo e cobre força e cardio.

Finalmente, há uma seção central de queima de calorias projetada para cansar os músculos abdominais em um curto período de tempo. "Quando eu escolho exercícios básicos, penso em movimentos de corpo inteiro que levam a uma maior estabilidade e equilíbrio. Os exercícios básicos que selecionei neste treino específico são dinâmicos, movem-se através de vários planos de movimento e são desafiadores e funcionais".

Para obter o máximo deste exercício, você deve fazer cada exercício o mais intensamente possível, mantendo a forma adequada. Tente não fazer pausas, exceto quando o treino exigir isso no final de cada sessão.

Veja como o treino é configurado:

Aquecimento:

- Elevação de joelhos - 20 segundos
- crabby crawl out - 20 segundos
- agachamento para chute alto - 20 segundos
- pegadores de grama - 20 segundos
- descanso - 30 segundos

Superconjunto 1:

- Flexões de ioga - 45 segundos
- Agachamento burpee para lateral jump - 45 segundos
- descanso - 30 segundos

(repita mais uma vez)

Superconjunto 2:

- pulmões ambulantes - 45 segundos
- preparação para jump junge - 45 segundos
- descanso - 30 segundos

(repita mais uma vez)

Burnout do núcleo:

- bicicletas de uma perna - 20 segundos de cada lado
- flexão para girar - 30 segundos
- agachamento sumo segure com crunch oblíquo - 30 segundos
- plank gold - 30 segundos

Veja como fazer os movimentos:

1. Elevação de joelhos - 20 segundos

Fique de pé com os pés separados na largura do quadril.

Mantenha o peito erguido e o abdômen contraído enquanto leva os joelhos em direção ao peito, um de cada vez.

Balance os braços, concentrando-se em levar as pontas dos dedos da altura do quadril à altura dos lábios no ritmo dos joelhos.

Continue por 20 segundos.

2. Crabby Crawl Out — 20 segundos

Fique em pé com as pernas mais afastadas do que a largura dos ombros. Abaixe como em um agachamento.

Rasteje sobre suas mãos até que seu corpo esteja esticado em uma posição de prancha. Em seguida, faça uma flexão.

Rasteje para trás com as mãos e sente-se no agachamento de sumô, com os braços retos e estendidos acima da cabeça.

Repita por 20 segundos.

3. Agachamento para chute alto - 20 segundos

Fique em pé com os pés ligeiramente mais largos do que a largura do quadril, com os dedos voltados para a frente.

Leve os quadris para trás em um agachamento. Ao se levantar, chute uma perna, mantendo-a reta, e estenda a mão oposta para tocar os dedos dos pés.

Lados alternados por 20 segundos.

4. Pegadores de grama - 20 segundos

Comece com os pés mais afastados do que a largura dos ombros. Empurre seus quadris para trás e abaixe em um agachamento de sumô, trazendo seu braço para tocar o chão bem abaixo de seu torso.

Em seguida, fique de pé e pule com os pés de modo que eles se encontrem diretamente sob os quadris (aterrissando na planta dos pés).

Imediatamente pule seus pés de volta para a posição inicial e comece com o agachamento novamente.

Continue por 20 segundos.

5. Flexões de ioga - 45 segundos

Comece em uma prancha alta.

Mude seu peso para trás e eleve seu glúteo para o alto, de forma que seu corpo fique como o desenho de um triângulo.

Seus calcanhares devem estar tocando ou pairando acima do chão (sinta-se à vontade para dobrar os joelhos se isso for muito intenso inicialmente).

Certifique-se de que o pescoço esteja alinhado com a coluna.

Liderando com o topo da cabeça, abaixe a parte superior do corpo através das mãos, projetando o peito a cerca de três centímetros do chão e, em seguida, levantando o peito como uma cobra antes de empurrar os quadris de volta para a posição "cão descendente".

Continue por 45 segundos.

6. Burpee de agachamento com salto lateral - 45 segundos

Faça um burpee sem flexão: comece em um agachamento com as pernas mais largas do que a largura dos ombros, dedos ligeiramente voltados para fora.

Estenda a mão para a frente para colocar as mãos no chão ao lado de sua caixa torácica. Jogue as pernas para trás, de modo que você acabe em uma prancha alta. Coloque suas pernas para trás para começar.

Ao se levantar da posição de agachamento, pule para a direita, esticando as pernas enquanto estiver no ar e abaixando-se com um agachamento ao pousar.

Faça outro salto de agachamento de volta para a esquerda, terminando na posição inicial.

7. Walking lunges - 45 segundos

Fique em pé com os pés separados de acordo com a largura do quadril, mantenha costas retas, tórax arqueado e abdômen tenso. Certifique-se de que suas omoplatas estejam puxadas para trás e para baixo de forma suave.

Dê um grande passo para a frente com a perna esquerda e abaixe os quadris em direção ao chão, dobrando os joelhos de modo que formem ângulos de quase 90 graus. O joelho da frente deve estar alinhado com o tornozelo e o joelho de trás deve apontar para o chão.

Faça o movimento com base no calcanhar da frente e empurre o pé direito do chão para trazê-lo para frente. Em um movimento fluido, dê um passo à frente para fazer o mesmo movimento com a perna direita como a perna da frente.

Continue por 45 segundos.

8. Preparação para o Jump Lunge - 45 segundos

Deite-se com o rosto virado para cima, e os braços estendidos atrás da cabeça.

Balance os braços para a frente e use o núcleo para direcionar o seu corpo até a posição ereta.

Faça o possível para pousar com os pés mais afastados que a largura dos quadris.

Ao se levantar, pule do chão e pouse com as pernas em posição de estocada.

Pule novamente e alterne, dando uma estocada com a outra perna na frente.

Pule ambas as pernas de volta ao centro, aterrissando com elas na largura do quadril, e abaixe seus quadris para trás e para baixo em um agachamento.
Lentamente, traga seu glúteo para o chão e role para trás para recomeçar.

Repita por 45 segundos.

9. Single-Leg Bicycles - 20 segundos

Deite-se com o rosto para cima e com as duas pernas estendidas à sua frente, mantendo os calcanhares mais altos do que a altura dos quadris. Levante os joelhos do chão sem contrair o abdômen

Gire o tronco para trazer o cotovelo direito até o joelho esquerdo, mantendo a perna direita estendida.

Traga o peito e a perna de volta para recomeçar.

Continue do mesmo lado por 20 segundos e em seguida, repita do outro lado.

10. Push up para Twist - 30 segundos

Faça uma flexão normalmente.

Em seguida, transfira todo o seu peso para um dos braços e gire o corpo para o lado oposto para ficar em uma posição de prancha lateral. Lance o braço livre diretamente no ar.

Mantenha o corpo em linha reta, os braços alinhados com os ombros e as pernas retas.

Continue alternando os lados, por 30 segundos.

11. Sumo Squat Oblique Crunch - 30 segundos

Fique de pé, com os pés mais afastados do que a largura dos ombros, com dedos do pé apontados para frente.

Mantenha as costas retas enquanto empurra os quadris para trás e dobra os joelhos para abaixar em um agachamento, parando quando seus glúteos estiverem alinhados com os joelhos.

Coloque um dos braços no chão e gire o torso para o lado oposto. Bashir diz para considerar iniciar a torção do quadril evitando curvar os ombros ou inclinar o torso para a frente.

Repita esse movimento, alternando os lados, por 30 segundos.

12. Prancha - 30 segundos

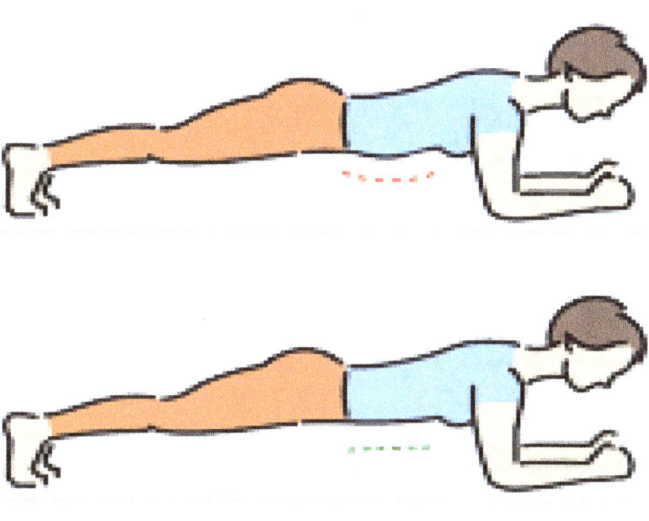

Fique com os dedos dos pés apoiados no chão e afastados na largura dos ombros. Seus pulsos e cotovelos devem ser fixados no chão diretamente abaixo dos ombros.

Mantenha o núcleo tenso para que o corpo fique em linha reta da cabeça aos pés.

Aperte suas coxas e glúteos.

Mantenha o pescoço e a coluna em uma posição neutra e confortável. (Dica:

tente apontar o queixo cerca de 15 centímetros à frente do corpo.) Mantenha essa posição por 30 segundos.

CAPÍTULO 4

ALCANÇANDO TODO O POTENCIAL DO SEU CORPO

Todos aqueles que pensam em boa forma pensam nos músculos que se projetam e que são tão fortes quanto um super-homem. Eles se esforçam muito para conseguir um corpo como o de um atleta.

Mas o fato é que a aptidão física significa que você deve ter resistência para todas as atividades físicas e o nível de resistência do corpo deve ser ótimo. E chega-se ao ápice da boa forma quando seu corpo tem tudo o que é necessário, em um nível que pode ser considerado o melhor.

Há um equívoco na mente de muitos de que o ápice fitness é para aqueles que estão abaixo da idade de 30 anos, mas a verdade é que os homens acima dessa idade também podem ser altamente qualificados. A melhor forma física é aquela que se consegue quando se tem um corpo atlético construído ou quando se tem força e resistência para todas as tarefas.

É preciso fazer uma dieta balanceada e completa para aumentar a força dos músculos. O melhor condicionamento físico é aquele que é capaz de manter a energia do corpo e tem a capacidade de realizar as tarefas essenciais.

Em sua dieta, é necessário ingerir o número ideal de calorias. Para quem se exercita para emagrecer, é estritamente recomendado não interromper os alimentos carregados de calorias. As calorias são essenciais, pois ajudam nas tarefas comuns.

Isso ajudaria a melhorar a digestão e o movimento do intestino. Pode-se sentir saciado com a dieta que inclui pão de trigo, frutas e vegetais, que são carregados de fibras. Isso ajudaria a controlar a fome. Verduras e frutas são obrigatórias, pois contêm todas as vitaminas e minerais essenciais para o corpo. Isso também aumentaria sua força e poder para lutar contra as doenças. Tudo isso o levaria a obter o melhor condicionamento físico.

Além disso, tente o seu melhor para ser ativo. Um estilo de vida que faz você ficar sentado o tempo todo deve ser mantido afastado. Você deve se exercitar regularmente. Se seu corpo faz parte de uma rotina em que você faz muitos exercícios físicos, então sua resistência seria mantida e seus músculos também seriam fortes. Aqueles que são serenos e não muito ativos tendem a ficar flácidos na parte média do corpo.

Seu corpo perde resistência a lesões e várias doenças. Para manter o melhor condicionamento físico, não é necessário muito.

Basta um período ativo de 10 minutos. Você pode subir escadas em vez de elevadores ou alongar o corpo ou até mesmo caminhar na esteira por 10 minutos. Nunca seja cruel com seu corpo. Tire um tempo para relaxar os músculos. Lembre-se de que muito de tudo é tão ruim quanto pouco de qualquer coisa. Durma bem para curar e revitalizar os órgãos do corpo e a mente.

Quer você seja um atleta de elite em campo ou quadra ou um campeão no campo da vida, você deve sempre ter o desejo ardente de atingir seu potencial físico. Ao garantir que seu corpo está bem ajustado e disparar em todos os cilindros, você terá o melhor desempenho possível? Para atingir seu potencial físico, você deve ter uma compreensão clara dos componentes essenciais que influenciam seu corpo. Esses componentes essenciais são seus hábitos de mentalidade, treinamento físico, nutrição e recuperação. Avaliando continuamente e definindo novas metas em cada uma dessas áreas, você garantirá que está no caminho ideal para atingir seu potencial físico.

Qual é o seu potencial físico?

Para cada um, a resposta será diferente. Não importa se você é um atleta profissional ou um profissional de negócios; todos nós temos um tremendo potencial físico para realizar grandes coisas. Quando preparado fisicamente, o corpo humano tem capacidades virtualmente infinitas para o que pode ser fisicamente alcançado. Indivíduos comprometidos com a realização física completaram um espectro de façanhas, como correr até velocidades de 40 km/h, levantar mais de 400 quilos, correr mais de 160 quilômetros em linha reta, prender a respiração por mais de 10 minutos e nadando em comprimentos extensos. Tenha a mente aberta para as possibilidades de seu corpo e potencial físico. Você não precisa estabelecer ou quebrar um recorde mundial para atingir seu potencial físico. Apenas se esforce continuamente para ser o melhor fisicamente possível, todos os dias de sua vida.

Mentalidade

Um dos fatores mais importantes na busca de alcançar seu potencial físico é uma mentalidade adequada. Começo com este componente porque acredito que 99% das realizações físicas ocorrem a partir das habilidades da mente. Infelizmente, vivemos em uma sociedade em que ser preguiçoso é aceitável.

Na televisão, os crescentes comerciais de drogas tentam nos convencer a apenas tomar uma pílula em vez de cuidar de nosso corpo.

Estamos constantemente sendo bombardeados pela negatividade da mídia e por pessoas pessimistas que quase gostam de ser miseráveis! Sempre tenha muito cuidado com o que você permite em sua mente. Limite sua exposição a estímulos negativos, como pessoas negativas, cobertura de notícias negativas ou qualquer outra fonte de negatividade que o derrubará inerentemente. Limitando sua exposição à negatividade, você evitará que sua mente seja preenchida com uma desordem inútil, permitindo que você se concentre mais nos aspectos positivos de sua realização física.

Ao longo dos anos, fui fortemente influenciado por meu pai e outros grandes gurus motivacionais e de definição de metas, como Zig Ziglar, Napoleon Hill, Norman Vincent Peale e Brian Tracy, para citar alguns. Com todos esses grandes homens, aprendi estratégias e métodos valiosos que são diretamente aplicáveis para alcançar seu potencial físico. O tema recorrente apresentado por todos esses cavalheiros é tudo o que a mente pode conceber e acreditar que pode alcançar. Esta afirmação poderosa pode ser aplicada para ajudá-lo a se esforçar para alcançar seu potencial físico.

O ponto de partida para todas as conquistas é definitividade o propósito, que é desenvolver um desejo ardente de atingir seu objetivo. Com um plano de jogo sólido e desejo ardente, não há nada que possa atrapalhar o seu caminho para alcançar seus objetivos físicos. Sua meta deve ser atingir os 3-5% da população com melhor condicionamento físico, que chamo de escalão superior da sociedade e realizadores físicos. Eu caracterizo esses 3-5% como a minoria da elite, que escolhe tratar seu corpo como um templo e entende a importância de uma mentalidade adequada, treinamento físico, nutrição e recuperação. Esses 3-5% principais não dão desculpas; eles agem todos os dias para garantir que estão sempre se movendo para alcançar seu potencial físico final.

Onde você está agora?

O primeiro passo na busca para alcançar seu potencial físico final é entender onde você está presente. Sem esse conhecimento em mãos, você não terá uma visão clara e compreensão da direção que precisa tomar. Ao analisar criticamente a si mesmo e seus hábitos, você será capaz de determinar as áreas de seu estilo de vida que precisam ser melhoradas.

Avalie cuidadosamente cada área que impacta seu potencial físico e determine onde a mudança é necessária.

Seis maneiras de transformar o desejo em realização física

A partir dos escritos do Dr. Hill, suas filosofias podem ser aplicadas para converter o desejo ardente que você possui em seu equivalente físico, usando o que chamo de Seis Maneiras de Transformar o Desejo em Realização Física com seis etapas práticas definidas para determinar seus objetivos físicos:

1. Determine em sua mente quais áreas você deseja melhorar. Talvez você precise reduzir sua gordura corporal em 5% ou aumentar sua força, flexibilidade ou velocidade. Seja o mais detalhado possível sobre as áreas específicas que você precisa melhorar.
2. Determine exatamente o que você pretende dar em troca da realização física e da realização da meta em relação aos esforços de treinamento físico, nutrição ou métodos de recuperação.
3. Estabeleça uma data definitiva quando você pretende obter as metas de realização física, não importa se em 4, 8, 12 semanas ou 1 ano.
4. Crie um plano definido para realizar seu desejo e comece imediatamente, esteja você pronto ou não, a colocar esse plano em ação.
5. Com base nas etapas anteriores, agora anote suas metas específicas, a data da meta e o que você pretende dar para alcançá-las, e inclua o plano que usará.
6. Leia sua declaração escrita em voz alta, duas vezes ao dia, uma pela manhã e uma vez antes de ir para a cama. Ao ler as declarações, visualize-se como você já atingiu seus objetivos físicos ... mais magro, mais forte, mais rápido, etc.

Depois de concluir essas seis etapas, você terá estabelecido um caminho claro em direção ao seu objetivo. Em seguida, de onde você está presente, até o ponto de sua meta, retroceda e estabeleça metas incrementais entre esses pontos e estabeleça um cronograma para atingir cada meta. Por exemplo, se sua meta é reduzir sua gordura corporal em 12% em 12 semanas, suas metas seriam assim:

Objetivo da semana 12: diminuir a gordura corporal em 12% no total
Objetivo da semana 8: diminuir a gordura corporal em 8% do total
Objetivo da semana 4: diminuir a gordura corporal em 4% no total

Semana 1 - Ponto de Partida
Ao definir essas metas, você estará no caminho certo para o sucesso. Ao atingir todos os seus objetivos individuais, você poderá facilmente alcançar o objetivo final, que nesta situação é diminuir 12% da sua gordura corporal em 12 semanas. Depois de definir claramente seus objetivos e buscá-los, não se desvie do caminho.

Com um plano de jogo sólido e desejo ardente, não há nada que possa atrapalhar o seu caminho para alcançar seus objetivos. Tome medidas claras e decisivas todos os dias! Depois de começar, o ímpeto se acumulará e o impulsionará em direção aos seus objetivos.

Ao longo dos anos tive a oportunidade de trabalhar com alguns dos melhores atletas em seus respectivos esportes, o primeiro passo que dou com todos eles é estabelecer um caminho ideal para atingir seus objetivos físicos. Eu descrevo permanecer no caminho ideal como permanecer persistentemente focado no objetivo e aderindo ao treinamento físico obrigatório, nutrição e programa de recuperação para atingir seus objetivos e se tornar o melhor que puderem. O caminho mais rápido entre dois pontos é uma linha reta - quando você permanece no caminho ideal, haverá menos resistência e dificuldade em obter seus objetivos.

Afirmações Diárias

As afirmações diárias podem ser úteis para manter sua mente livre de negatividade e focada em pensamentos positivos e orientados para um objetivo. Afirmações são declarações de uma intenção desejável em sua mente que são deliberadamente meditadas e / ou repetidas. Ao utilizar essa técnica, você criará um programa mental para que sua mente seja direcionada para seus objetivos de atingir seu potencial físico. As afirmações são sempre formuladas na primeira pessoa e geralmente no presente, "Eu sou", ao invés do futuro, "Eu irei", para aumentar a realização da afirmação. Por exemplo, você pode repetir suas afirmações durante o exercício. Tais como "Estou ficando mais forte", ou "Estou ficando mais magro", ou "Estou ficando mais rápido". Essas afirmações ajudarão a mantê-lo motivado. Em breve, eles farão parte do seu processo de pensamento e ajudarão a impulsioná-lo a alcançar seus objetivos.

Visualização

A visualização pode ajudá-lo a desenvolver uma imagem mental clara de onde você deseja estar ou o que deseja alcançar.

Essa técnica pode ser usada com afirmações para fazer uma combinação poderosa, alimentando sua realização física. Eu pessoalmente utilizei essa técnica por muitos anos durante meu treinamento e com meus atletas para atingir níveis mais elevados. Isso pode ser aplicado diretamente a qualquer coisa que você acredite ser fisicamente desafiadora ou difícil. Por exemplo, ao longo dos anos, ao tentar estabelecer novos recordes ou recorde pessoal em um levantamento específico, eu completava a repetição com sucesso em minha mente antes de tocar no peso.

Ao praticar técnicas de visualização, você pode melhorar instantaneamente as habilidades do seu corpo! Use isso regularmente para superar a dúvida ou o medo ao se esforçar para alcançar qualquer objetivo físico.

Elimine pensamentos negativos

O medo, a dúvida e a negatividade são inimigos do progresso e da realização física. Uma ótima maneira de reduzir tudo isso é estar constantemente focado em seus objetivos e pensando em agir. Ao permanecer focado na ação, você terá menos tempo para refletir e pensar negativamente. Se um pensamento negativo entrar em sua mente, substitua-o rapidamente por um pensamento positivo ... diga a si mesmo: "Eu posso, eu posso, eu posso!"

Associe-se a pessoas com ideias semelhantes

As pessoas com quem você se relaciona terão uma influência considerável sobre você. Como diz o velho ditado, escolha seus amigos com sabedoria. Ao optar por se associar e passar tempo com outras pessoas que tenham interesses e objetivos semelhantes aos seus, isso o ajudará a alcançar níveis mais elevados de realização física pessoal. Você tem o direito de ser seletivo com quem se relacionar. Você deve interromper relacionamentos que apresentam negatividade e podem impedi-lo de alcançar seus objetivos. Fique longe de pessoas que são negativas e pessimistas, elas podem rapidamente desviar você do caminho para seu potencial físico. Cerque-se de pessoas positivas e otimistas que optam por levar um estilo de vida saudável e equilibrado.

Falhar não é uma opção

Depois de definir suas metas de realização física e determinar o que deve ser feito para alcançá-las, nunca considere o fracasso! Desde o início, você deve dizer a si mesmo que o fracasso não é nem mesmo uma opção, e está fadado ao sucesso. Ao eliminar o fracasso como opção, você reduzirá rapidamente sua dúvida e medo, o que o impulsionará a alcançar seus objetivos.

Treinamento físico

Como todas as criaturas na face da terra, fomos construídos para sobreviver e realizar tarefas físicas. Houve um tempo em que usávamos nosso corpo diariamente para realizar tarefas fisicamente rigorosas, como caça, coleta, agricultura e construção. Essas tarefas fisicamente exigentes exigiam que cada indivíduo estivesse fisicamente apto para o bem da sobrevivência.

Na sociedade moderna em que vivemos, que é repleta de luxos e conveniências, a quantidade de trabalho físico que devemos realizar diariamente foi eliminada. Por este motivo, devemos incorporar exercícios diários ou treinamento físico para garantir o funcionamento ideal do nosso corpo. O corpo humano é um ser adaptável que pode se adaptar rapidamente ao estímulo físico ou às demandas aplicadas. O treinamento físico adequado fornece um estímulo positivo que permite que cada uma das habilidades físicas do seu corpo melhore.

De acordo com as metas que você estabeleceu, seu treinamento físico ou exercício deve refletir seus objetivos e colocá-lo na direção certa para alcançá-los. Não se deixe levar por aderir estritamente a apenas um método ou filosofia de treinamento. Tenha a mente aberta a todas as formas de treinamento físico. Ao longo da minha carreira, pesquisei exaustivamente e apliquei quase todos os métodos de treinamento físico existentes. Esses métodos e filosofias incluem: treinamento de peso corporal, treinamento de peso livre, treinamento de banda, treinamento de máquina, treinamento de vibração, treinamento de força, levantamento de peso, levantamento olímpico, musculação, treinamento de saco de areia, treinamento de kettlebell, ginástica, artes marciais, boxe, treinamento de resistência, sprint training e a lista continua indefinidamente. O que aprendi que funciona melhor é manter a mente aberta e estar disposto a aplicar todas as formas de treinamento para atingir seu potencial físico.

Aborde seus pontos fracos para desenvolver seus pontos fortes

O corpo humano é uma cadeia cinética tão forte quanto o elo mais fraco. Uma das maneiras mais rápidas de melhorar seu desempenho físico é identificar e direcionar suas áreas de fraqueza. Para alguns de vocês, podem ser seus músculos centrais, mas para outros, pode ser uma incapacidade de agachar-se corretamente ou falta de mobilidade.

Controle seu peso corporal

Para atingir seu potencial físico, você deve dominar o peso do seu corpo. Isso significa que você deve ter uma base sólida de força e ser capaz de realizar qualquer movimento de peso corporal. Isso inclui movimentos como agachamentos, vários passos, pontes, curvas, flexões, puxadas, várias pranchas, várias costeletas e rotações, burpees, etc. Seu objetivo deve ser capaz de completar qualquer movimento em qualquer plano de movimento sem qualquer restrição por falta de força ou flexibilidade.

Faça mesmo se você não gostar

Uma filosofia muito simples que utilizei ao longo dos anos é fazer algo mesmo que não goste de fazer. Para progredir fisicamente constantemente, você deve sair da sua zona de conforto. Ao incorporar métodos de treinamento que você acha difíceis, provavelmente produzirá o maior progresso.

Seja cauteloso com o que você ouve e lê

Existem muitos mitos e equívocos quando se trata de treinamento físico. Sempre questione qualquer informação que você possa ler ou ouvir na televisão com relação a exercícios e treinamento físico. Certifique-se de que todas as informações que ouvir sejam fornecidas por um profissional da área, com um diploma e certificados de confiança para validar as informações. Isso reduzirá a probabilidade de que as informações que você está obtendo sejam falsas e enganosas.

Macaco vê, macaco faz

Só porque você vê alguém fazendo certo exercício, programa ou método na academia, não significa necessariamente que funcionará para você. Devido à diversidade e complexidade do corpo de cada pessoa, cada um terá diferentes necessidades e objetivos. Isso significa que você deve treinar para atingir seus objetivos, não as pessoas que está observando.

Um parceiro pode ajudá-lo a atingir novos limites

Encontre alguém que tenha habilidades físicas e objetivos semelhantes aos seus para treinar. Treinar com um parceiro pode motivá-lo a alcançar novos níveis de realização física e ajudará a mantê-lo responsável por seus objetivos. Certifique-se de constantemente desafiar e encorajar uns aos outros a seguir em frente para alcançar seus objetivos.

Esforce-se para o progresso contínuo

Esforce-se continuamente para fazer melhorias em todas as áreas de suas habilidades físicas, seja em força, potência, velocidade, agilidade, equilíbrio, flexibilidade ou resistência. A partir dos objetivos que você definiu, certifique-se de estar fazendo um progresso mensurável em cada área de seu treinamento e exercício. Se um determinado exercício ou método não estiver funcionando para você, interrompa-o e tente uma abordagem diferente. Sempre se esforce para definir novos PRs ou registros pessoais em seu treinamento. Isso irá garantir que você esteja constantemente se desafiando e saindo da sua zona de conforto, forçando seu corpo a se adaptar e se tornar melhor.

Nutrição

Como diz o velho ditado, "você é o que você come", não poderia estar mais perto da verdade. Os nutrientes que você consome diariamente têm um impacto significativo na função geral e no desempenho físico do seu corpo. Para atingir seu potencial físico é importante que você compreenda os princípios básicos da nutrição e como cada nutriente influencia o funcionamento do seu corpo.

Muitas pessoas veem a alimentação como um programa ou algo em que você se concentra temporariamente para atingir um objetivo. Se você olhar para a nutrição como a maioria das pessoas em nossa sociedade, não alcançará seu potencial físico. Todo processo fisiológico no corpo humano requer energia para funcionar.

A energia é produzida a partir de calorias, ou unidades de energia, que o corpo extrai de carboidratos, proteínas e gorduras. Esses nutrientes funcionam em sinergia para alimentar a saúde vital do seu corpo e os níveis de desempenho físico.

A cada segundo, ocorrem milhares de reações químicas no corpo que requerem a proporção e a quantidade correta desses nutrientes e vitaminas, minerais e água. Se houver um desequilíbrio ou deficiência em qualquer uma dessas áreas, seu corpo não conseguirá funcionar em níveis ideais. Eu sempre digo, se tivéssemos um painel de controle do lado de fora do nosso corpo e pudéssemos abri-lo e ver tudo o que está acontecendo dentro do nosso corpo, teríamos uma apreciação maior da complexidade do corpo humano e sua dependência sobre os nutrientes vitais dos alimentos que comemos. De acordo com seus objetivos, seus hábitos alimentares devem ser estruturados de forma a contribuir para o seu progresso na realização de seus objetivos.

Se anda, nada ou cresce fora do solo, está tudo bem

Consuma alimentos que estejam o mais próximo possível do estado natural. Seus hábitos alimentares devem consistir em carnes magras, frutas, vegetais, grãos e boas fontes de gordura, como nozes e óleos saudáveis. Isso significa reduzir o número de alimentos processados ou artificiais que você consome. Fique longe de alimentos com xarope de milho rico em frutose, conservantes e compostos químicos não identificáveis. Quando possível, incorpore frutas e vegetais cultivados organicamente. Isso permitirá que você consuma menos quantidades de pesticidas e alimentos amadurecidos com gás, geneticamente alterados, o que pode afetar adversamente seu corpo.

Alimente-se como combustível, não como diversão

Você deve olhar para a comida como o combustível necessário para o desempenho ideal do seu corpo. Muito parecido com um carro de corrida de alto desempenho, seu corpo funciona melhor com o combustível ou nutrientes certos. A maioria das pessoas toma decisões emocionais quando se trata de seleção de nutrientes ou alimentos. Você deve sempre selecionar os alimentos que são melhores para abastecer seu corpo.

Hidratar, hidratar e hidratar

A hidratação adequada é importante para todos os processos fisiológicos que ocorrem em seu corpo. Se você está com sede, você já está desidratado. A melhor maneira de garantir que você está devidamente hidratado é criar o hábito de manter um recipiente com água o tempo todo e beber constantemente.

Limite o consumo de álcool e cafeína

As bebidas alcoólicas e cafeína devem ser consumidas com moderação. O álcool é uma substância estranha ao corpo humano e, em excesso, pode causar estresse no fígado e em outros órgãos. A cafeína pode afetar adversamente sua energia e metabolismo quando consumida em excesso. Tente consumir ambos com moderação.

Seleção de nutrientes

Não importa se você está tentando ganhar massa muscular magra, perder gordura corporal ou manter seu peso atual, o momento e a seleção de seus nutrientes são importantes. Dependendo de seus objetivos, você deve comer 5-6 refeições por dia, espaçando-as a cada 2,5-3 horas. Cada refeição deve consistir em uma combinação de proteínas, carboidratos e gordura. Isso garantirá que seus níveis de energia sejam estáveis ao longo do dia e permitirá que seu metabolismo funcione em níveis ideais.

Preparação e organização

Preparação e organização são duas das principais chaves para o sucesso na alimentação saudável. Planeje suas refeições com antecedência para garantir que terá acesso aos alimentos de que precisa. Como a maioria das pessoas, não espere até o último segundo para saber o que vai comer na próxima refeição. Se você não estiver preparado, não conseguirá manter a programação necessária para comer. Isso rapidamente impedirá seu corpo de atingir seu potencial físico. Planeje com antecedência e tenha sempre o alimento de que precisa ao seu alcance.

Recuperação

A recuperação da regeneração fisiológica e a reparação do corpo a partir do treinamento físico ou do estresse são requisitos para atingir o potencial físico. Ao tomar medidas proativas para melhorar sua recuperação, você manterá seu corpo renovado e reduzirá as chances de se machucar. Há uma longa lista de maneiras de acelerar sua recuperação, como sono, relaxamento, meditação, alongamento, quiropraxia, banhos de contraste, massagem, ferramentas de terapia de desempenho, acupuntura, imagens visuais, terapia de vibração, EMS e terapia de luz, para citar alguns. Reserve um tempo para incorporar alguns desses métodos de recuperação ao seu cronograma de treinamento.

Sono adequado

Enquanto você dorme, seu corpo libera hormônios que promovem o reparo fisiológico e a regeneração das células do corpo. Você deve dormir 8-10 horas por noite para garantir que está adequadamente recarregado. Se sua programação permitir, implemente cochilos curtos para acelerar sua recuperação ainda mais rápido. Se você passar por um período de dias com menos de 8 horas de sono, recupere essas horas dormindo mais nas outras noites. Seu corpo controla essas horas e isso se refletirá em seus níveis de energia e desempenho físico.

Relaxamento

Agende horários para relaxar completamente e deixar seu corpo relaxar. Isso aumentará sua recuperação, reduzindo os níveis de estresse, permitindo que seu corpo se cure e se repare.

Ouça seu corpo

Você deve aprender a interpretar os sinais que vêm de seu corpo para melhorar o processo de recuperação.

Ao estar em sintonia com seu corpo, você pode abordar rapidamente áreas do corpo que podem precisar de atenção especial.

Automassagem

Usar a Auto Liberação Miofascial, também conhecida como Automassagem, pode acelerar a cura dos músculos com o treinamento físico. As modalidades comuns utilizadas são os rolos de espuma, as bolas Muscletrac, tênis ou lacrosse. A automassagem realizada antes, depois ou entre os treinos irá reduzir a dor e tensão muscular.

Flexibilidade

O método mais eficaz para melhorar a flexibilidade e elasticidade muscular é incorporar alongamento ativo ou baseado em movimento em seu programa de treinamento físico. Reserve um tempo antes e depois dos exercícios para incorporar alongamentos para melhorar sua recuperação.

Juntando tudo

Para atingir seu potencial físico, mantenha o compromisso de levar um estilo de vida saudável e equilibrado. Estabeleça metas constantemente para novas conquistas físicas e esteja ciente de sua mentalidade, treinamento físico, nutrição e recuperação. Seja um estudante para o resto da vida e se esforce para nunca parar de aprender sobre novas maneiras de atingir seu potencial físico. Lembre-se de que tudo o que a mente pode conceber e acreditar que pode alcançar. Defina suas metas e trabalhe duro para atingir seu potencial físico máximo.

CAPÍTULO 5

COMO ALCANÇAR UMA VIDA SAUDÁVEL E EM FORMA?

Você consegue descobrir se está levando uma vida boa e saudável? Você faz esse tipo de pergunta ao visitar seu médico?

Boa vida e boa forma física são de alguma forma semelhantes, mas nem todos concordam com isso. Se você está fisicamente apto, você viverá uma vida boa e saudável sem ficar doente. Caso você já esteja tendo uma ótima vida, isso não significa inevitavelmente que você está em forma.

Então, quais são as maneiras de saber se você está fisicamente apto ou não, e quão saudável você está vivendo?

Em primeiro lugar, deixe-se claro: o que significa vida saudável? Para alguns indivíduos, significa ter toda a abundância na vida. Poucos outros pensam que uma vida excelente é uma vida saudável. Se você acha que a última definição é a sua definição da grande vida, não importa se você é rico ou não, então é hora de escolher uma vida melhor para você. Se acredita nisso, então já deve estar fisicamente apto também.

Você irá ganhar tempo e economizar dinheiro tendo uma vida saudável. Isso acontece porque raramente ficará doente, ou seja, não terá que gastar com remédios, além de que os hábitos de uma vida saudável farão com que se sinta disposto a aproveitar mais as horas do dia.

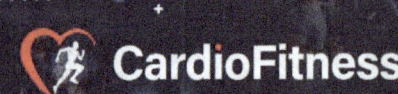
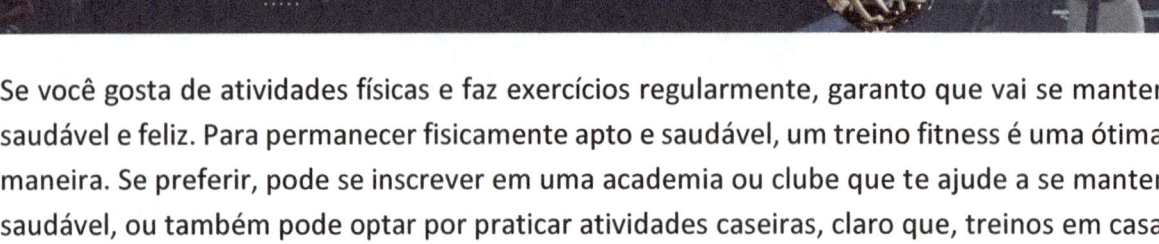

Se você gosta de atividades físicas e faz exercícios regularmente, garanto que vai se manter saudável e feliz. Para permanecer fisicamente apto e saudável, um treino fitness é uma ótima maneira. Se preferir, pode se inscrever em uma academia ou clube que te ajude a se manter saudável, ou também pode optar por praticar atividades caseiras, claro que, treinos em casa podem não ter os mesmos efeitos que um treino em local adequado, mas com foco e determinação é possível alcançar ótimos resultados.

Em seguida, você deve avaliar seu modo de viver a vida. Atualmente você está fazendo alguns treinos de fitness? Costuma adoecer com certa frequência? Se sente cansado logo ao acordar ou até mesmo no meio do dia? Estas são as poucas perguntas necessárias que se deve fazer para encontrar seu estado de saúde. Caso você não esteja levando uma vida feliz e saudável, deve começar a mudar isso já, pois ainda há tempo!

Você está pensando em como iniciar o processo para começar a viver com saúde? Parece fácil começar a malhar a qualquer momento. Mas para isso, você deverá primeiro mudar seus hábitos de vida pouco saudáveis.

Passo a passo, você sentirá as mudanças, começará a pensar positivamente e gradualmente notará o quanto é simples se manter saudável. Então, melhor tarde do que nunca. Pense nisso e comece seu treino fitness o quanto antes.

Muitos colocam metas e definem objetivos para melhorar sua saúde e forma física. Embora ter metas específicas de saúde e condicionamento físico em mente seja excelente, as pessoas costumam ir a extremos para atingir essas metas. Elas tentam a mais nova dieta da moda ou tendência de treino e muitas vezes acabam exaurindo sua energia mental e física. Isso geralmente leva a desistir por completo ou atingir esses objetivos e ser incapaz de mantê-los, resultando em esgotamento, fracasso ou lesão. Por isso, proponho que você abandone as metas irrealistas extremas e procure mudar seu estilo de vida.

Quando você começa a ver a saúde e a boa forma como um estilo de vida, em vez de um hobby de meio período ou um desafio de 30 dias, desenvolve comportamentos que irão melhorar muitas áreas de sua vida. Viver um estilo de vida saudável pode inspirar criatividade e ensinar disciplina, adaptabilidade e equilíbrio.

Isso não apenas o deixará com uma melhor aparência além de fazer você se sentir melhor, mas também ajudará a formar uma versão melhor de si mesmo para as pessoas que realmente importam em sua vida.

É mais do que apenas estética!

Saúde e preparo físico envolvem mais do que sua aparência, a comida que você ingere ou o peso que você levanta na academia. Eles são sobre:

- A maneira como você se sente.
- Sua qualidade de vida.
- O foco que você tem no trabalho.
- Sua capacidade de se mover.
- Seu estado psicológico.

Quando você está realmente saudável, seu humor e autoestima está sempre revigorado e pode fazer mais fisicamente. Pode fazer mais coisas como passear com o cachorro, caminhar, correr, pedalar, nadar ou praticar um Stand Up.

Não ser capaz de fazer essas coisas pode afetar drasticamente suas experiências e limitar sua qualidade de vida.

Seja um exemplo

Quando você escolhe viver um estilo de vida saudável, não apenas faz um favor a si mesmo, mas também dá um excelente exemplo para todos ao seu redor.

Seus amigos, familiares e filhos são afetados pelas escolhas saudáveis que você faz e muitas vezes se sentem inspirados a fazer uma mudança em suas próprias vidas.

O resultado disso são relacionamentos melhores, um risco menor de doenças e um mundo mais saudável e feliz em geral. Simplesmente fazendo escolhas mais saudáveis, você pode ter um impacto ondulante sobre todos ao seu redor.

Seja a pessoa que iniciará a mudança.

Você aprende a mudança exata de comportamento

Acho que as "dietas" ou "desafios de treino" duram pouco. Não é realista andar a 160 km / h o tempo todo. Somos todos humanos. A vida acontece, o estresse vem e vai e os horários podem ser prejudicados.

Quando optamos por viver um estilo de vida saudável, aprendemos a aceitar essas coisas e:

Adapte-se

Você aprende a aproveitar a vida quando está de férias e longe da academia e da cozinha porque desenvolveu hábitos e habilidades para ter um estilo de vida saudável, não importa onde esteja. Por sempre praticar moderação e equilíbrio, você se permite saciar sem exagerar. Se você não tem acesso a uma academia por uma semana, adquire o hábito de viajar com suas faixas resistentes, criando um circuito de peso corporal ou usando bancos e escadas próximos para fazer um treino. Você aprende a se adaptar em vez de se autodestruir quando sua rotina é interrompida

Consistência

Claro, as pessoas obtêm resultados com dietas extremas ou participando de desafios de treino. No entanto, a porcentagem de pessoas que seguem exatamente esses planos é minúscula. Esses desafios geralmente são concluídos em um curto período e acompanhados por diretrizes rígidas de sucesso e fracasso, ambos os quais não são bons para sua saúde física ou emocional.

Quando você estabelece metas extremas, é mais provável que se sinta derrotado se "errar". Quando as expectativas não são tão intensas, é mais provável que você se mantenha consistente e aproveite a jornada. Você não precisa ser perfeito. Se você comer algo "ruim" ou pular um treino, você acorda no dia seguinte e volta aos trilhos, porque agora é apenas parte do seu estilo de vida. Essa abordagem é muito mais atingível e leva a mais consistência a longo prazo.

Aqui estão algumas dicas para começar a fazer da saúde e da boa forma um estilo de vida hoje mesmo:

1. Encontre um exercício de que goste

Isso é importante quando se trata de permanecer consistente com seus treinos. Se você está continuamente fazendo exercícios de que não gosta, e eles o deixam com uma sensação de esgotamento físico e emocional, não vai durar muito. É melhor você encontrar exercícios que façam você se sentir bem, e você pode manter a longo prazo, mesmo que não seja o mais intenso. O exercício consistente de baixa intensidade sempre triunfará sobre o exercício inconsistente de alta intensidade.

2. Seja paciente quando se trata de atingir seus objetivos físicos

Lembre-se de que os resultados levam tempo. Pega leve consigo mesmo.

Nada de bom vem fácil. Aprenda a se apaixonar pelo processo e pela pessoa que você se torna ao longo da jornada.

3. Não desista dos alimentos que você ama

Eu acredito firmemente em nunca desistir dos alimentos que você ama.

Encontre uma maneira de tornar seus alimentos favoritos mais saudáveis. Se pizza é sua comida favorita, não desista. Isso vai deixar você se sentindo privado.

Seja criativo e selecione bons ingredientes para fazer sua versão saudável.

4. Não compita com ninguém

Esta é sua vida e sua jornada. Não há duas pessoas iguais, então você nunca deve se comparar a outras pessoas. Contanto que você acorde todos os dias e tente ser melhor do que era ontem, você está no caminho certo.

5. Experimente coisas novas

Saia da sua zona de conforto. Experimente uma nova aula de fitness com um amigo e explore diferentes alimentos. Comprar na mercearia com base no que está na estação é uma maneira fácil de começar a experimentar diferentes alimentos e se expor a uma grande variedade de frutas e vegetais. Sair da sua zona de conforto e mudar as coisas manterá as coisas interessantes e ajudará você a se manter motivado e inspirado para tornar esta forma de vida um estilo de vida permanente.

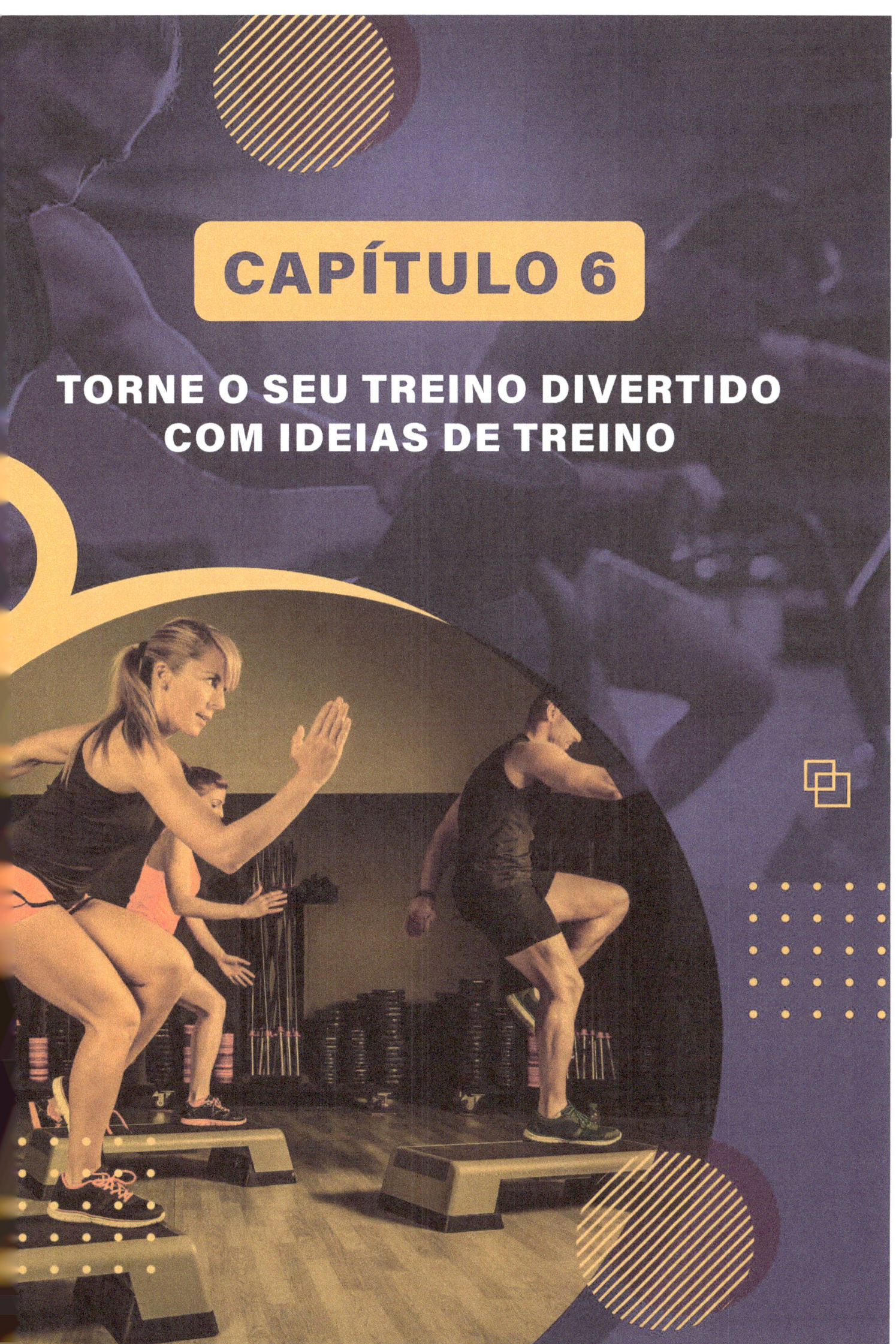

Muitas vezes, você ouviu um grande "NÃO" de alguém com quem deseja treinar. Isso ocorre porque o exercício sozinho em si é muito chato.

Também é possível que você se divirta enquanto faz exercícios na academia. O fato de que você tende a se divertir é porque fica chato continuar com a mesma rotina de exercícios por um longo período. No entanto, deve-se ressaltar que o descuido no período de treinamento pode prejudicar sua saúde, pois a obesidade e as doenças cardíacas estão aumentando. Será bom se você mantiver seu corpo saudável e viver uma vida mais feliz.

Para manter uma boa saúde, somente você será o responsável por agora e para sempre. Esta é a razão pela qual você precisa de treinamento físico para manter seu corpo em condições saudáveis. Se você deixar de manter sua saúde em uma situação de trabalho constante, isso pode resultar em doenças que podem tornar sua vida miserável e infeliz.

Se você está acima do peso e não está tendo doenças como doenças cardíacas ou diabetes, então é melhor começar a malhar antes que seja tarde demais. Desta forma, você se manterá em forma e terá um corpo atraente que pode ser exibido nas praias. Apesar disso, se as rotinas usuais de treinamento físico são muito enfadonhas, você pode tentar vários exercícios que tornarão sua programação regular de treinamento mais divertida. Existem atividades de entretenimento que você pode desfrutar. Ao mesmo tempo, a diversão proporcionará uma experiência de treinamento físico de boa qualidade.

Em primeiro lugar, muitas pessoas ou talvez você acredite que o esforço físico de condicionamento físico só pode ser feito no ginásio.

Eu sugiro que você seja criativo e pense fora da caixa. Esportes ativos como golfe, natação, futebol, tênis e basquete são esportes divertidos. Esses esportes podem fornecer a você uma experiência de treinamento de boa qualidade. Por exemplo, você pode encontrar muitas quadras de tênis e clubes onde pode aprender a jogar. Se quiser, você também pode incluir membros de sua família para torná-lo mais divertido. Desta forma, você pode promover o fitness e se divertir juntos.

Se você não gosta de esportes e acha que eles não podem ser divertidos, é viável pensar em dançar. Dançar é outra maneira de se manter em forma e também entretido. Você pode se matricular em um instituto de dança.

Poucas pessoas pensam que dançar é simples, mas deixe-me dizer seriamente que não é. Você achará difícil quando tentar fazer. Isso requer que você pule, ande e corra na pista de dança. Diferentes movimentos de dança ajudam você a manter a forma ao ligar a diversão com a programação.

Dançar é uma ótima alternativa para horários de exercícios enfadonhos. Será significativo se você se inscrever em aulas de esportes ou dança, se quiser se divertir enquanto se mantém em forma.

Não é segredo que a atividade física é crucial para um estilo de vida saudável. O movimento de qualquer tipo promove uma boa saúde cardíaca, ossos fortes e equilíbrio aprimorado. Ficar sentado o dia todo pode até reduzir a sua expectativa de vida. Estudos demonstraram que mesmo pequenas atividades físicas ao longo do dia prolongam e melhoram sua vida.

No entanto, pode ser difícil fazer exercícios diários quando você está em casa. Seja por razões de saúde ou simplesmente por falta de acesso a equipamentos adequados, encontrar maneiras de aumentar a atividade física em casa pode ser um desafio.

A boa notícia é que você provavelmente é mais ativo do que pensa. Usar as escadas de sua casa ou prédio, levar animais de estimação para passear e até mesmo esfregar a gordura teimosa da louça conta como atividade física.

10 Atividades Físicas Fáceis para Adultos

Se você trabalha em casa ou tem filhos que ficam inquietos quando estão em casa, provavelmente você está se perguntando como manter todos entretidos e ativos da melhor forma ao mesmo tempo. Felizmente, existem muitas atividades físicas fáceis que você e sua família podem fazer em casa.

1. Crie uma rotina de exercícios em casa

Algumas pessoas prosperam com rotinas, mesmo fora das obrigações. Adicionar atividade física à sua rotina diária pode normalizá-la e aumentar a chance de você fazer isso todos os dias. Encontre o melhor momento para se exercitar. Se você não é uma pessoa matutina, não se force a acordar de madrugada para correr. Em vez disso, pratique atividade física durante a tarde.

Em seguida, dê um passo adiante e planeje quais exercícios você fará a cada dia. Você pode decidir fazer ioga um dia, andar de bicicleta - fixa ou regular - no dia seguinte e dar uma festa com seus filhos no terceiro. Ou você pode optar por dividir o dia concentrando-se em diferentes áreas do corpo. Existem infinitas maneiras de criar uma rotina de exercícios que se adapte aos seus objetivos e habilidade, então experimente um pouco para ver qual rotina funciona para você.

2. Defina metas para você mesmo

Às vezes é mais fácil realizar uma tarefa quando você tem uma meta pela qual trabalhar. As metas podem ser tão simples quanto 150 minutos de atividade física por semana, conforme recomendado pelos Centros de Controle de Doenças (CCD). Ou você pode almejar algo mais desafiador, como ganhar músculos ou treinar para uma maratona.

Você pode até mesmo se comunicar com sua academia ou com seu personal trainer para obter conselhos sobre quais metas definir e como trabalhar para alcançá-las com segurança e eficácia.

3. Improvise equipamentos de exercícios

Se você acha que está limitado pela falta de equipamentos de ginástica, encontre maneiras de improvisar. Você pode usar garrafas de água cheias ou latas de comida para levantar pesos ou usar as escadas no lugar de uma máquina de escada. Você também pode usar móveis ou as paredes de sua casa para exercícios de resistência.

Você pode até aumentar sua atividade física diária simplesmente mudando a maneira como usa o equipamento. Por exemplo, corra e suba as escadas correndo em vez de caminhar para aumentar sua frequência cardíaca. Experimente incluir atividade física em situações que normalmente são sedentárias, como fazer alongamentos suaves enquanto assiste à TV ou usar os intervalos comerciais para fazer alguns agachamentos e/ou flexões. Se você estiver transmitindo todos os seus programas, aumente a atividade usando o tempo entre os episódios para fazer burpees.

Caminhar é um ótimo exercício que requer apenas as pernas, então faça várias caminhadas curtas pela casa - isso também conta como atividade física.

4. Aproveite as aulas online

Muitas academias oferecem treinos online que você pode fazer no conforto da sua casa, então tire proveito deles. Essas aulas virtuais em grupo variam de aeróbica a ioga e pilates, permitindo que você mantenha seu regime de exercícios de uma maneira conveniente. Aulas virtuais e até DVD 's de treinamento fitness fornecem ótimos exemplos de atividades físicas que você pode fazer em casa, pois permitem que você obtenha tudo, desde exercícios aeróbicos até alongamentos em um só lugar. Você também pode escolher em quais classes ingressar com base em seu nível de condicionamento e objetivos de longo prazo.

5. Pegue um pouco de ar fresco

Se andar pela sua sala é inviável, saia e dê uma volta pelo seu quintal, se tiver um. Ou leve seu cachorro para passear e passar algum tempo brincando, para que todos façam as atividades necessárias. Uma caminhada é uma ótima maneira de sair ao ar livre sem deixar de obedecer às regras de distanciamento social, portanto, aproveite uma trilha de caminhada nas proximidades.

Reviva sua infância jogando um bambolê ou corda de pular. Esses jogos não são apenas para crianças e podem ser uma ótima fonte de cardio.

6. Faça cardio em casa

Aqueles que têm espaço também podem trazer o bambolê para dentro de casa, mas existem muitas maneiras de fazer exercícios aeróbicos em casa. Atividades simples, como polichinelos e burpees, são uma ótima maneira de aumentar sua frequência cardíaca. Se você tem uma bicicleta ergométrica ou esteira em casa, use-a também para fazer o seu cardio.

Ser criativo é útil quando você deseja aumentar a atividade em casa, e dançar é uma maneira subestimada de fazê-lo. A dança oferece os mesmos benefícios cardiovasculares que a corrida ou a aeróbica, e mais pessoas acham isso agradável. Ter festas dançantes improvisadas em casa é uma excelente maneira de acelerar o coração, aumentar as funções cognitivas e também melhorar a força do seu corpo.

7. Encontre motivos para levantar

Alguma atividade física é melhor do que nenhuma atividade física, e se você trabalha em casa ou vive uma vida sedentária, é importante se levantar e se movimentar a cada hora. Defina um cronômetro ou alarme para se lembrar de acordar a cada hora. Use o tempo para fazer alguns alongamentos ou mesmo alguns polichinelos antes de se sentar novamente.

Pode ser difícil encontrar tempo para mudar e ser ativo quando se trabalha em casa, mas um pouco de inovação pode ajudar muito.

Considere dar uma volta pela casa durante uma ligação comercial ou empilhe algumas caixas em cima de sua mesa para criar um apoio improvisado.

8. Lembre-se de que as tarefas domésticas também contam

As tarefas domésticas são alguns dos exemplos mais subestimados de atividades físicas que você pode fazer em casa, e você ficaria surpreso com a quantidade de energia que elas requerem. Estudos descobriram que as tarefas domésticas são tão eficazes quanto malhar na academia ou correr todos os dias. Eles ajudam a manter seu coração saudável enquanto mantêm sua casa limpa uma solução ganha.

Portanto, não se esqueça de incluir aspirador de pó e jardinagem quando estiver se perguntando sobre seus níveis de atividade física, uma vez que ambas são ótimas para o desenvolvimento muscular. Jardinagem e outros trabalhos no quintal são algumas das melhores maneiras de ser fisicamente ativo enquanto está em casa. O esforço e os movimentos repetitivos de tarefas como rastelagem e remoção de ervas daninhas fornecem resultados semelhantes aos de levantar pesos.

A tecnologia moderna tornou mais fácil do que nunca manter contato, então use chamadas de vídeo para se exercitar com amigos e familiares.

9. Mantenha-se motivado

O exercício pode ser desagradável, e é por isso que um quarto de todos os americanos não faz o suficiente. A motivação tem muito a ver com isso e pode ser ainda mais difícil de encontrar quando você está preso em casa. Uma simples mudança na rotina pode fazer maravilhas, então, em vez de fazer os mesmos exercícios ou atividades todos os dias, troque-os. Alternar rotinas de exercícios durante o dia é uma maneira comum de vencer a falta de motivação, mas estar em casa oferece muito mais vantagens. Por exemplo, use uma esteira ou bicicleta ergométrica enquanto assiste ao seu programa de TV favorito. Você pode até se surpreender com a rapidez com que seu treino é concluído.

A tecnologia moderna tornou mais fácil do que nunca manter contato, então use chamadas de vídeo para se exercitar com amigos e familiares. Vocês também podem se atualizar e até motivar-se um ao outro para serem fisicamente ativos.

Ou, se você é um fã de fotografia, faça mais passeios e caminhadas com sua câmera para tirar algumas fotos enquanto sobe seus passos

10. Envolva toda a família

Manter as crianças ocupadas não precisa envolver tempo de tela. Em vez disso, inclua a família em suas atividades. Faça caminhadas ou passeios de bicicleta juntos, jogue jogos no quintal ou divida as tarefas da casa e do jardim, para que todos possam praticar um pouco de atividade.

10 maneiras de manter as crianças ativas dentro de casa

Quando seus filhos estão fora da escola, você pode descobrir que eles estão ficando inquietos ou que passam mais tempo sendo sedentários. Além de manter-se fisicamente ativo, é importante garantir que as crianças também pratiquem atividades físicas diárias. A falta de escola e de atividades extracurriculares significa falta de rotina, incluindo oportunidades para atividades físicas.

Então, aqui está uma lista de atividades físicas para crianças para ajudar a entretê-los e mantê-los saudáveis:

1. Volte ao básico

Os jogos de infância que você jogava antigamente podem ser reciclados para serem novos para os seus filhos. Esconde-esconde, marco polo e pega-pega são apenas alguns dos jogos simples que irão entreter as crianças enquanto garantem que elas estejam sendo fisicamente ativas. Bambolês e cordas para pular são outros brinquedos atemporais que promovem a atividade. Faça concursos para ver quem consegue manter o bambolê por mais tempo, ou crie rimas e canções para pular corda com um pouco mais de criatividade.

A melhor parte desses jogos é que podem ser jogados ao ar livre ou em ambientes fechados, permitindo atividades durante todo o ano.

2. Envolva seus filhos

Se a jardinagem é uma maneira de relaxar, tente envolver seus filhos também. Dê-lhes tarefas mais simples que ainda exigem que sejam ativos e aproveitem os frutos de seu trabalho juntos. Se envolvê-los em tarefas menos interessantes, como esfregar ou lavar a louça, não for suficiente, envolva-os em tarefas "divertidas", como cortar a grama ou varrer as folhas.

Atividades maiores, como limpar a garagem ou o sótão, são ideais para ajudar as crianças. A ajuda adicional tornará o trabalho mais rápido e fornecerá oportunidades para aumentar a atividade.

3. Adicione atividade física à aprendizagem

Torne o dever de casa e o estudo divertidos criando "missões" para seus filhos completarem. Projete as missões para se alinharem com seus trabalhos escolares para implementar um método de "aprender fazendo", que pode ajudar as crianças a assimilarem melhor o conteúdo. Se seu filho precisar de ajuda com matemática, envie-o em uma missão para contar todas as janelas da casa e, em seguida, peça-lhe que calcule o número médio de janelas em cada cômodo. Missões semelhantes podem ocorrer na cozinha, fazendo com que as crianças meçam os ingredientes para ajudá-los a prepará-los.

4. Não ignore videogames que os mantêm ativos

Os videogames costumam ter má reputação por inspirar preguiça e promover violência, mas estudos mostraram que jogos ativos são uma ferramenta útil para promover saúde e atividade física. Os videogames fitness e que demandam exercício físico são projetados para serem jogados com o corpo todo, exigindo que os jogadores saltem e se movam para progredir. Jogos ativos tornam o exercício muito mais fácil para as crianças e também ajuda os adultos a se tornarem mais ativos fisicamente. Jogue esses jogos com os seus filhos para se exercitar e desfrutar de algum tempo de qualidade.

5. Faça caminhadas com seus filhos

Uma caminhada é uma ótima maneira de se relacionar com seus filhos enquanto faz algo ativo. Caminhe pela vizinhança ou por uma trilha natural e use o tempo para envolver seus filhos em uma conversa sobre o que vêem. Descubra plantas e animais selvagens e ajude-os a nutrir seus interesses e curiosidade enquanto desfruta dos benefícios da atividade física.

6. Planeje uma caça ao tesouro

Se você quiser algum tempo para fazer seu treino em paz, mas precisa manter as crianças ocupadas com segurança, organize uma caça ao tesouro para que elas concluam. Esconda os objetos para vasculhar sua casa em locais que exijam rastejar, pular ou até mesmo escalar. Eles nem vão perceber que estão fazendo exercícios porque estarão muito ocupados se divertindo.

7. Aprenda uma nova habilidade

A Internet está cheia de vídeos que podem ajudar seus filhos a aprenderem novas habilidades. Envolva-os em um novo hobby, encontrando uma aula virtual que possam fazer, como artes marciais ou ginástica.

Você pode até participar, especialmente se seus filhos forem mais novos, e treinar enquanto se certifica de que eles estão seguros.

8. Reinvente um esporte

Seus filhos podem não conseguir jogar futebol ou basquete em casa e você pode não ter um espaço privativo ao ar livre para esses esportes, mas com um pouco de criatividade, você pode recriar esses esportes para se adaptar à sua situação. Encha um balão e use-o para jogar uma partida de vôlei, ou alinhe algumas garrafas de água e use uma bola de tênis para lançar uma tacada. Outro jogo clássico da infância para trazer de volta é a "Batata Quente". Use um brinquedo de pelúcia como batata quente e jogue-os uns nos outros. Da mesma forma, um simples jogo de pega-pega coloca os músculos da perna e do braço em uso.

9. Faça uma festa dançante

A dança tem muitos benefícios e também pode ser uma atividade divertida e que alivia o estresse para as crianças. Reserve um tempo todos os dias para permitir que as crianças dancem pela casa. As sessões de dança garantem que as crianças sejam fisicamente ativas, mas também pode ser catártico, ajudando-as a liberar qualquer energia reprimida.

10. Crie uma pista de obstáculos

Travesseiros, cobertores e um pouco de fita adesiva são tudo de que você precisa para criar uma pista de obstáculos envolvente e desafiadora em sua casa. Além de ser uma forma de manter as crianças ativas, os cursos de obstáculos também podem ajudar a desenvolver habilidades de resolução de problemas e trabalho em equipe. Faça uma pista de obstáculos que envolva uma combinação de correr, pular e engatinhar para obter um treino de corpo inteiro para as crianças.

10 maneiras de manter os idosos ativos dentro de casa

Se você é um adulto mais velho, permanecer fisicamente ativo pode trazer certos desafios. Principalmente, você deve estar mais atento às limitações do seu corpo para evitar lesões. No entanto, não há razão para que os idosos não possam ser fisicamente ativos até certo ponto. Aqui está uma lista de atividades físicas mais adequadas para idosos para ajudá-lo a começar:

1. Desafie-se

Cada pessoa é diferente, e o que pode ser um treino fácil para uma pessoa pode ser muito difícil para outra. Conhecer seu corpo e suas limitações é crucial, mas também é importante se esforçar um pouco a cada atividade. Se você fizer muito cedo, você corre o risco de se ferir, mas se não se esforçar, corre o risco de perder os benefícios da atividade física.

2. Não exagere

Exagerar na atividade física aumenta o risco de lesões, o que pode impedi-lo de fazer nenhum exercício durante a recuperação. O momento ideal para concluir o treino é antes de começar a sentir dores. A dor, como qualquer outra lesão, leva tempo para cicatrizar, potencialmente impedindo você de qualquer atividade nesse meio tempo.

3. Pratique os quatro tipos de exercícios

Um bom treino deve abordar os quatro tipos de exercícios que ajudam a tornar um corpo saudável em geral:

- flexibilidade: exercícios que ajudam você a se mover com mais liberdade.
- força: exercícios que ajudam a desenvolver a força muscular.
- equilíbrio: uma parte necessária do exercício, principalmente com a idade, pois ajuda a prevenir o risco de quedas.
- resistência: atividades que aumentam a respiração e a frequência cardíaca.

Levantar pesos, caminhar rapidamente e usar faixas de resistência são atividades que se enquadram em um ou mais dos tipos de exercícios acima.

4. Trabalhe a respiração

Quer você viva com ansiedade ou asma, os exercícios respiratórios são benéficos a longo prazo. Simplesmente sente-se ou se deite e pratique a respiração profunda e constante - isso é chamado de "respiração controlada", e é conhecido por reduzir o estresse e estimular seu sistema imunológico.

5. Encontre sua motivação

Fadiga, falta de renda e falta de tempo são apenas algumas das desculpas que as pessoas dão para pular a atividade física. A melhor maneira de combater a falta de motivação é encontrar atividades que você goste de fazer. Se você odeia correr, não corra - em vez disso, tente caminhar. Se você não é fã de esportes, não os pratique - experimente jogos ativos. Se o exercício repetitivo não o empolga, não o faça - encontre outra coisa que o faça se mexer, como jardinagem ou dança.

6. Aprenda sozinho uma nova habilidade

Se você tem adiado consertar a janela quebrada ou o cano do banheiro com vazamento, use o tempo em casa para aprender como fazer você mesmo os consertos domésticos simples. Procure um tutorial online e acompanhe para aprender habilidades DIY (do it yourself) ou até habilidades mais criativas, como malabarismo ou cozinhar.

7. Exercite-se sentado

Se ficar em pé e a mobilidade são preocupações para você, ainda dá para ser ativo praticando exercícios sentados. São exercícios simples, porém eficazes, que farão seu sangue fluir e melhorarão sua força e flexibilidade.

Além disso, você pode fazê-los sentado em uma cadeira sem sacrificar a atividade física ou exercícios para seus pés e pernas. Os exercícios sentados também são úteis se você sofre de uma doença ou dor crônica.

8. Ganhe tempo

Adicionar atividade física à sua rotina diária ajudará a evitar que você pule ou esqueça. Quer seja parte de suas tarefas domésticas ou caminhada após o jantar, tornar a atividade física parte de sua rotina vai torná-lo tão natural quanto dormir ou comer.

9. Não se esqueça de se alongar

O alongamento costuma ser esquecido, mas é uma parte extremamente importante de qualquer atividade física, pois ajuda a evitar que seu corpo sofra lesões. É ótimo para relaxar o corpo antes de se exercitar, mas também é uma ótima atividade física por si só. Você deve tentar alongar três vezes por semana e manter cada alongamento por cerca de 30 segundos.

10. Socialize-se

Aproveite a tecnologia moderna e faça passeios virtuais com seus amigos ou entes queridos. Você se sentirá mais motivado para praticar atividades físicas se fizer isso com um amigo, e ambos podem motivar um ao outro para permanecerem ativos.
Se caminhar não é sua praia, você pode fazer videochamadas com amigos e familiares enquanto anda de bicicleta ergométrica ou faz exercícios sentados.

Hoje, a maioria das pessoas está cada vez mais preocupada com sua saúde física. Como há casos crescentes de obesidade, diabetes e doenças cardíacas, você deve começar a se concentrar em sua saúde. Deve-se ter em mente que apenas você é responsável pelo seu corpo, e não qualquer outra pessoa. Se você deseja ter uma vida mais feliz e satisfatória, terá que cuidar de si o tempo todo.

A tecnologia está sempre aumentando e é benéfica também, mas tem muitas desvantagens que não podem ser negligenciadas. A vida ficou mais simples com o advento e o emprego de máquinas e computadores no trabalho. Isso tornou tudo tão fácil que essas pessoas mudaram para um estilo de vida preguiçoso, de modo que não conseguem nem cuidar de seus corpos. Trabalhar duro em um único lugar em frente a um computador não é uma boa ideia e nem saudável.

Mas sim, seus dedos se exercitam enquanto você trabalha no computador! Mas isso é o suficiente? Escrever e digitar documentos o dia todo não é um bom exercício. Um bom exercício significa que você tem que trabalhar com todo o corpo, incluindo todas as partes.

Atualmente, existem centenas e milhares de centros de treinamentos fitness e ginásios que estão facilmente disponíveis. No entanto, fazer os mesmos horários de exercícios pode ser frustrante e desgastante na maioria das vezes. Além de fazer todos os exercícios repetidamente todos os dias e ficar entediado, às vezes você também percebe o fato de que isso não dá resultados rápidos.

Eu sei que isso pode ser frustrante e a maioria das pessoas simplesmente desistirá da programação de exercícios que entrou.

No entanto, você deve pensar sobre a possibilidade de selecionar o instrutor correto para o seu treino corporal, a fim de atingir seus objetivos e também se manter motivado durante sua programação de exercícios. Abaixo estão alguns pontos que você deve encontrar em um bom instrutor fitness.

- Em primeiro lugar, o que você deve procurar em um instrutor é uma certificação de licença que mostra que ele é um preparador físico profissional. Hoje em dia, muitas academias de ginástica certificam seus preparadores físicos para que seus clientes tenham a certeza de que seu trabalho será realizado e de que saberão cuidar de seu corpo.

- A próxima coisa que você precisa procurar em um instrutor é se eles são qualificados para realizar os primeiros socorros em caso de lesão. Você tem que perceber o fato de que as lesões resultantes do exercício são muito prováveis. Você deve procurar um instrutor que possa lidar muito bem com lesões corporais.

- Escolha um instrutor de fitness que seja experiente o suficiente, porque a experiência também é um fator importante. O treinador certo para você é aquele que trabalhou com diferentes pessoas que deram feedback positivo.

Você decidiu dar o próximo passo em sua jornada para o condicionamento físico e trabalhar com um profissional que pode ajudá-lo a atingir seus objetivos de saúde e bem-estar. Ter o apoio de um personal trainer não apenas o mantém mais motivado e responsável quando se trata de treinos semanais, mas ele também pode ajudar você a maximizar seu tempo na academia, prevenir lesões e ver resultados mais consistentes.

Mas há uma linha tênue entre fazer um bom investimento em seu futuro sucesso no condicionamento físico e simplesmente jogar dinheiro pela janela em algo que não funciona. A diferença? Saber escolher a pessoa certa que o ajudará a definir as metas corretas para alcançar os resultados desejados.

Portanto, é fundamental ter cuidado ao escolher um treinador; basta um pouco de trabalho braçal para determinar se alguém será ou não adequado para as suas necessidades. Afinal, é chamado de treinamento "pessoal" por um motivo - trabalhar em conjunto cria um vínculo que o ajudará a permanecer engajado e motivado durante todo o processo.

Ainda assim, perplexo? Leve em consideração os 10 critérios a seguir na próxima vez em que selecionar um personal trainer.

Credenciais

Um treinador deve ser capaz de mostrar a você uma certificação de fitness em sua área específica de especialização. Para se tornarem certificados, os treinadores pessoais devem passar em um exame por meio de organizações credenciadas, como o Conselho Americano de Exercícios (ACE), a Academia Nacional de Medicina Esportiva

Experiência

A prática torna (quase) perfeita, portanto, um treinador que já passou por isso algumas vezes, provavelmente testou e aperfeiçoou seu processo para fornecer as melhores dicas para ajudá-lo a obter o máximo de cada repetição. Portanto, a menos que você esteja bem em brincar de cobaia, pode ser melhor resistir à tentação da facilidade de fazer um acordo com um treinador recém-certificado em favor de um que tenha alguma experiência anterior.

Filosofia

Este é um ponto sutil, mas crítico, de diferenciação, porque pode acabar criando ou quebrando sua experiência. Como o treinador desenvolve seu programa e em que crenças ele se baseará? São exercícios na academia ou feitos ao ar livre? Você usará máquinas ou se limitará apenas a pesos livres? Pergunte sobre filosofia e veja se faz sentido para seus objetivos e preferências.

Especialidades

Já ouviu o ditado: "Jack para todos os negócios, mas mestre de ninguém?" Bem, se você está procurando algo específico você vai querer trabalhar com um treinador específico. Eles não apenas terão mais experiência na área desejada, mas é provável que eles sejam mais apaixonados por conhecer as nuances do esporte e também terem um interesse pessoal nisso.

Custo

Assim como a experiência, a personalidade e a filosofia podem variar amplamente entre os treinadores, o mesmo pode acontecer com sua taxa horária, dependendo das certificações, especialidade e localização. Portanto, antes de começar sua caça, sente-se e pense no seu orçamento. E se as sessões solo de hora em hora estão além de suas possibilidades, não se desespere; alguns treinadores oferecem sessões semi privativas ou um desconto para grupos.

Disponibilidade

Como a consistência é fundamental ao trabalhar com um treinador, é uma boa ideia perguntar sobre sua programação. Quantos clientes ele tem atualmente - por exemplo, ele está lotado, sem muito espaço de manobra? Ele gosta de reservá-los no mesmo horário todas as semanas ou é mais uma programação flutuante que muda regularmente?

Com que antecedência você precisa para marcar compromissos, você pode compensar os perdidos e qual é a política de cancelamento dele?

Localização

Esta é outra área de preferência pessoal, portanto, considere seus hábitos e tendências com cuidado. Você está disposto a dirigir 20 minutos pela cidade ou precisa de algo a uma curta distância para se manter motivado? E onde você gosta de treinar? Algumas pessoas se inspiram ao ver outras pessoas em um ambiente de academia tradicional, outras gostam da abordagem individual de uma academia de ginástica e outras preferem se exercitar na privacidade de suas próprias casas. A boa notícia é que existe um treinador para cada tipo de local!

Progresso

Além de um programa de treinamento personalizado com base em seus objetivos e nível de condicionamento físico, seu treinador precisa de um método para rastrear seu progresso de forma que você possa ver, gradativamente, se seu trabalho árduo está valendo a pena. Benchmarks como PRs, perda de peso, ganho de força e outras conquistas podem ajudá-lo não apenas a permanecer no caminho certo, mas também a garantir que seu treinador esteja fazendo seu trabalho.

Reputação

O melhor elogio que um treinador pode receber é uma recomendação, mas fazer com que as pessoas vejam os resultados de seus clientes em primeira mão vem logo em seguida. Fazer com que as pessoas atinjam seus objetivos (especialmente se esses objetivos forem semelhantes ao que você deseja alcançar) é a prova definitiva aqui, e bons treinadores terão prazer em compartilhar histórias de sucesso, depoimentos e referências.

Embora você possa estar se sentindo sobrecarregado com a perspectiva de escolher um personal trainer, é importante observar que os critérios acima são apenas diretrizes, não regras. Se você tem uma opinião forte sobre alguns itens e não tem preferência por outros, não é um problema; você pode agilizar sua pesquisa mantendo uma coisa em mente: acima de tudo, confie na sua intuição. Procure um personal trainer com conhecimento e experiência que se sinta o ajuste mais natural. É ela que deve ser contratada porque ela não apenas ajudará você a atingir seus objetivos, mas também o manterá confortável, motivado e inspirado durante todo o processo.

Certifique-se de que definiu metas alcançáveis

A primeira coisa que você deve fazer antes mesmo de conhecer seu treinador é pensar sobre seus objetivos. Definir metas é importante, mas definir metas alcançáveis é crucial. Considere sua jornada de condicionamento físico, idade, nível de habilidade, quanto tempo você pode investir e em quanto tempo você deseja atingir seu objetivo. Bons treinadores pessoais funcionam melhor com objetivos específicos, especialmente aqueles que são mais do que apenas relacionados à perda de peso! Embora a perda de peso seja um objetivo comum, há muitos outros marcos pelos quais vale a pena trabalhar! Você quer deixar seus músculos mais fortes após uma lesão? Sente-se melhor ao acordar de manhã ou dorme melhor todas as noites? Melhorar a forma ou encontrar o melhor treino para o seu tipo de corpo? Correr uma maratona? Seja qual for o caso, ser capaz de comunicar seu objetivo, especialmente se for específico e alcançável, é o que torna seu relacionamento com um personal trainer bem-sucedido.

Ao definir metas, você também deve pensar em quanto pode investir, tanto em termos de tempo quanto de dinheiro. Trabalhar com um personal trainer é uma via de mão dupla. Para muitos treinadores, o treinamento físico é a carreira deles, e você deseja investir tanto no seu progresso quanto eles. Eles estão lá para ajudá-lo com suas necessidades de condicionamento físico e aproximar você do estilo de vida saudável que você deseja. Mas mesmo os melhores treinadores não podem fazer isso se você não investir.

Você também deve pensar sobre os preços e em quantas semanas ou meses pode se comprometer ao definir sua meta. Mesmo o melhor treinador pessoal de fitness do mundo não conseguiria que você corresse uma maratona em algumas semanas! Mas se o seu objetivo é a recuperação de lesões, talvez você só precise de um ou dois meses de suporte para voltar aos trilhos. Mas um aviso justo: depois de conhecer um ótimo treinador, você vai querer mantê-lo!

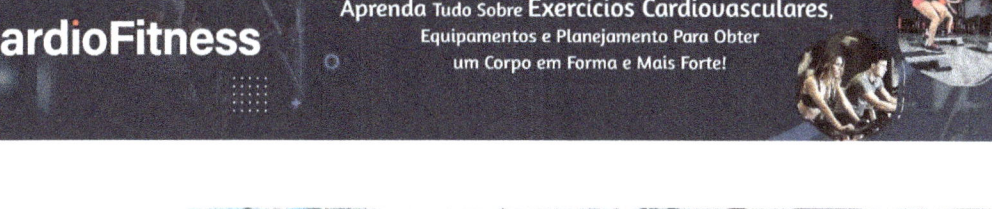

Observe o Personal Trainer com seus clientes

Uma pequena observação pode ajudá-lo a determinar a diferença entre um bom e um ótimo personal Trainer! Quando eles estão em uma sessão de treinamento com outras pessoas, que tipos de exercícios você os vê fazendo? O preparador físico está concentrado ou parece entediado? Eles estão ativamente modelando, observando, corrigindo e dando feedback sobre o progresso de cada treino? O cliente parece que está trabalhando muito ou divertindo? Os exercícios são alternados com diversos clientes ou sempre o mesmo? Como o treinador ajuda o cliente a resolver o problema? Todas essas são considerações importantes na hora de procurar o melhor personal trainer para você. A maioria dos treinadores será capaz de treiná-lo com eficácia; o que importa é encontrar o treinador que irá treiná-lo e mantê-lo motivado durante todo o relacionamento. O personal trainer certo terá o melhor interesse em seu coração, será capaz de lhe dar atenção individual durante suas sessões de treinamento e compartilhar técnicas e dicas que o ajudarão em sua jornada fitness.

Peça uma consulta

Muitos personal trainers oferecem uma consultoria gratuita para falar com as pessoas sobre seus objetivos, responder a perguntas e, potencialmente, oferecer uma curta sessão de treinamento. Durante esse tempo, é melhor vir preparado com uma lista de perguntas. Use esse tempo para sentir suas características, traços de personalidade, estilo de treinamento, área de especialização e como vocês dois irão se relacionar. Também pode ajudar a estabelecer comunicação e confiança antes de você entrar no relacionamento de treinamento.

Algumas coisas importantes que você pode considerar para encontrar o treinador certo:

- Qual é a sua filosofia sobre o modo de vida fitness?
- Qual é a sua experiência e como você decidiu seguir carreira como personal trainer?
- O que você normalmente cobra das pessoas? Você tem pacotes ou planos específicos?
- Qual é a frequência desejada de sessões e quanto tempo duram?
- Qual é a sua programação? Quando você está disponível?
- Qual é a melhor meio para termos uma boa comunicação?
- Como seria um plano de longo prazo para mim?
- Como você se mantém atualizado com as informações e estudos mais recentes no mundo da saúde e do condicionamento físico?

O que você faz para se manter saudável e em forma?

Este também é um ótimo momento para perguntar sobre certificações e credenciais. Um bom treinador pessoal deve ser capaz de apontar para pelo menos uma certificação. Muitos terão um diploma em ciência do exercício ou medicina esportiva, e os melhores treinadores também têm uma certificação de organizações da indústria de fitness ou agências como a National Strength and Conditioning Association (NSCA), o American Council on Exercise (ACE), o

American College of Sports Medicine (ACSM) ou a National Academy of Sports Medicine (NASM). Qualquer pessoa pode ler um artigo na internet e tentar lhe dar conselhos sobre saúde, e muitas pessoas podem ser instrutoras de fitness por causa de sua paixão, ao invés de seu conhecimento específico de exercícios e movimentos. Os melhores treinadores têm o conhecimento, a habilidade e a paixão certos pelo seu trabalho, o que os torna certificados para trabalhar em sua área.

Conversar com seu treinador sobre sua formação, experiência e habilidade é uma ótima maneira de sentir sua personalidade, bem como ter certeza de que ele é o treinador pessoal certo para você.

Peça referências

Se houver alguma chance de você não ter certeza sobre a escolha de um personal trainer, convém agendar um horário para conversar com o gerente de sua academia sobre o que outros clientes disseram sobre certos personal trainers para ter uma ideia melhor do candidato. Existem muitos treinadores excelentes por aí, mas nem todo treinador é a escolha certa para cada pessoa e sua vida.

Além de sentir melhor o treinador que você tem em mente, o gerente pode recomendar treinadores pessoais com base no que você gostaria de obter com o treinamento pessoal ou no tipo de personalidade que procura em um treinador. Alguns treinadores também têm diferentes interesses ou áreas de especialização, portanto, conversar com o gerente pode ajudá-lo a ter uma ideia de qual treinador é mais adequado para você.

Durante o seu tempo, você pode perguntar ao gerente sobre a programação de treinamento da sua academia local. Algumas academias podem ter uma programação padronizada que inclui suporte para aplicativos, artigos educacionais ou instruções personalizadas para seu plano de treino. Em outras academias, os personal trainers podem trabalhar apenas como contratados independentes que têm o seu estilo de treinamento e não seguem um padrão específico. Saber o que sua academia oferece pode ajudá-lo a pensar sobre suas preferências.

Se for importante, considere o gênero

Isso não é importante para todos, mas para alguns, muito importante. Da mesma forma, quando homens e mulheres preferem um determinado gênero para a massagem terapêutica, alguns têm preferência por seu treinador também. Se você se sentir mais confortável trabalhando com um personal trainer misto, é uma boa ideia perguntar ao gerente da sua academia se o treinador que você tem em mente tem experiência em trabalhar com o sexo oposto.

Quando você estiver pronto para atingir seus objetivos de saúde e fitness, escolher um personal trainer requer um pouco de pesquisa e paciência. No entanto, vale a pena saber que o treinador que você escolheu é o ideal para você!

CAPÍTULO 8

OS DIFERENTES EQUIPAMENTOS DE TREINO PARA UM CORPO PERFEITO

Existem muitas razões pelas quais alguém deseja ter um corpo que parece deslumbrante.

Há quem queira por atração do sexo oposto, tem que malha só porque gostam desta atividade, e os que procuram manter esse estlo de vida por motivos relacionados a saúde.

Vários métodos são adotados por pessoas diferentes para obter uma boa imagem. É preciso escolher a opção certa, pois nem todos são seguros para a saúde. Atualmente, existem muitos métodos que são adotados para redução de peso por aqueles que têm preguiça de se esforçar um pouco.

Alguns também fazem cirurgia de lipoaspiração. Mas o fato é que este é um método que só dá resultados por um curto período. Deve-se fazer exercícios para manter o peso perdido e evitar que a gordura se acumule no corpo novamente. Portanto na grande maioria das vezes esses métodos acabam sendo prejudiciais.

É fato comprovado que os músculos são os que levam à queima de gordura. Para queimar a gordura acumulada, é preciso exercitar e tonificar os músculos.

Nosso corpo precisa de nutrientes em uma quantidade fixa regularmente. Aqueles que seguem os planos de dieta rígidos ou não comem para manter a gordura afastada, na verdade privam o corpo desses elementos essenciais e acabam se prejudicando. A melhor dieta é aquela que fornece todos os nutrientes na quantidade ideal necessária e é preciso fazer exercícios regularmente para manter o corpo em forma.

O problema comum da atualidade é que, como o estilo de vida é muito agitado, a maioria das pessoas não tem tempo para cuidar do corpo. Eles não têm tempo para ir à academia também. Nesse caso, a melhor solução é conseguir alguns aparelhos de ginástica em casa.

Pode-se escolher entre os diversos equipamentos de home fitness que estão disponíveis no mercado. Mas, como o mercado está inundado com esses equipamentos de ginástica doméstica, é necessário decidir cuidadosamente qual equipamento será necessário para obter os melhores resultados.

A solução para este problema é que há de se entender que todos os equipamentos estão disponíveis. Não corra atrás das marcas. O principal é o equipamento para exercícios cardiovasculares. Este é o mais importante. Para isso, você deve comprar uma esteira, elípticos e cross-trainers.

Equipamentos que aumentem a força corporal e desenvolvam os músculos devem ser adquiridos, pois auxiliam na tonificação de músculos específicos. Para isso, pode-se adquirir equipamentos para musculação.

Tenha cuidado ao comprar equipamentos para exercícios cardiovasculares e musculação, leia comentários e avaliação de usuários, é ideal que o produto tenha uma longa vida útil.

É obrigatório saber sobre o equipamento e os usos, juntamente com os resultados que podem ser derivados dele. Isso é de extrema importância ao comprar qualquer equipamento de fitness.

Dicas para escolher o equipamento certo para exercícios

Você pode lançar um programa de exercícios eficaz usando apenas o que a natureza lhe deu: seu corpo. Mas como a atividade regular continua sendo uma meta indescritível para a maioria das pessoas, uma indústria multibilionária floresceu em torno da promessa de sucesso infalível. As associações a academias de ginástica e equipamentos de ginástica em casa são excelentes soluções de exercícios para muitas pessoas. No entanto, mantenha estes cuidados em mente:

- Mesmo os melhores equipamentos e as academias mais sofisticadas só produzem resultados quando usados regularmente.
- Aprenda a usar o equipamento adequadamente para evitar ferimentos que possam prejudicá-lo temporária ou permanentemente.
- Equipamentos de ginástica vêm em todos os tamanhos, formas e faixas de preço.
- Vale a pena verificar as avaliações do consumidor e seguir nossas outras dicas antes de fazer sua compra.

A seguir estão alguns princípios básicos que você deve saber sobre equipamentos

Equipamento Cardiovascular

Se você parar em qualquer academia, verá fileiras de máquinas projetadas para simular andar de bicicleta, caminhar e correr, andar de caiaque, remar, esquiar e subir escadas. Sejam motorizadas ou não, dimensionadas para uso em academias pesadas ou em versões caseiras mais leves, essas máquinas oferecem bons exercícios cardiovasculares que queimam calorias e gordura. Além do mais, seu treino ocorre dentro de casa, longe do clima instável.

O preço varia de algumas centenas a milhares de dólares, dependendo se a máquina é motorizada ou programável e se ela tem complementos, como dispositivos para medir a frequência cardíaca, calorias ou METs queimados, o tempo decorrido e assim por diante.

Embora essa informação tenda a não ser totalmente precisa, ela pode encorajá-lo a intensificar seus treinos ou pode ser importante se seu médico o aconselhar a limitar as atividades. A seguir estão alguns dos tipos mais populares de equipamentos de exercícios aeróbicos.

Máquina de esqui cross-country

Esta máquina permite que você exercite seus braços e pernas simultaneamente, como faria no esqui cross-country. O movimento deslizante é fácil para os joelhos. Em algumas máquinas, você precisa mover um esqui para frente para fazer o outro retroceder. Em outros, os esquis movem-se de forma independente. Além disso, certas máquinas de esqui usam cordas, enquanto outras têm empunhaduras fixas. Verifique todos esses tipos para ver qual é o mais confortável para você. Procure uma palmilha larga para estabilidade.

Treinadores elípticos

Essas máquinas oferecem um movimento circular para cima e para baixo que é um cruzamento entre uma máquina de esqui e um degrau de escada. Eles fornecem um treino quase sem impacto, o que é fácil para as articulações. A resistência e a inclinação podem ser ajustadas automática ou manualmente em alguns modelos, e alavancas com punhos para trabalhar a parte superior do corpo também podem estar disponíveis. Pode demorar um pouco para se acostumar com o movimento incomum. Procure por guidões confortáveis e pedais antiderrapantes com saliências curvas. Experimente a máquina em velocidades e graus variados para ter certeza de que está estável.

Máquinas de remo

As máquinas de remo trabalham as costas, os braços e as pernas simultaneamente, oferecendo um treino de corpo inteiro o mais próximo possível de uma máquina.

A menos que você esteja acostumado a remar, o movimento inicialmente pode parecer estranho e algumas pessoas acham difícil para as costas. Ao comprar um, considere modelos de polia em vez de modelos de pistão para uma experiência de remo mais realista.

Escadarias

Essas máquinas oferecem um treino de baixo impacto que se aproxima de subir lances de escada. Alguns modos também possuem alavancas com punhos para trabalhar os braços. Os iniciantes podem achar as máquinas de passo extenuantes e o movimento pode ser difícil para os joelhos. Procure por máquinas que proporcionem ação independente dos pés e que estejam equipadas com corrimãos e grandes plataformas de escada.

Bicicleta estacionária

Uma bicicleta ergométrica não exige treinamento e é fácil de usar, embora possa ser desconfortável por longos períodos. Embora a equitação não seja tão eficaz na prevenção da osteoporose quanto os exercícios com levantamento de peso, ela oferece um excelente treino cardiovascular. Procure um modelo com um assento confortável e ajustável e clipes para os dedos dos pés. Se o assento for muito duro, descubra se você pode substituí-lo por um modelo almofadado comprado separadamente.

Esteira

Esta máquina permite que você caminhe ou corra dentro de casa. Alguns modelos oferecem uma superfície flexível e com menos impacto nas juntas. Opte por uma esteira motorizada. Ao comprar um, procure um motor forte (a máquina vai durar mais), uma correia longa e larga o suficiente para seus passos, uma estrutura robusta com trilhos laterais e frontais para segurança e um dispositivo de parada de emergência. Você deve ser capaz de ajustar a velocidade e inclinação para poder caminhar em um ritmo confortável.

Equipamento de força

Ao aproveitar a gravidade, o peso corporal, o peso externo ou a tensão como uma força de resistência, esses dispositivos ajudam a aumentar a força.

Tal como acontece com o equipamento cardiovascular, os estilos e os preços variam amplamente, desde equipamentos profissionais caros, mais frequentemente encontrados em ginásios e clubes de saúde, a modelos domésticos portáteis e acessíveis.

Se você está apenas começando, pode economizar uma fortuna selecionando alguns itens básicos - sapatos confortáveis com pesos de mão ou faixas ou tubos de resistência - em vez de investir uma quantia considerável em máquinas de levantamento de peso.

Pesos de tornozelo

São opcionais para exercícios de força, como elevação das pernas e extensão do quadril. Procure por punhos de tornozelo confortavelmente acolchoados com bolsos projetados para segurar barras de peso de meio libra ou 1 libra para adicionar conforme você progride. O peso do tornozelo é geralmente de 3 a 5 quilos. Uma única braçadeira pode ser suficiente, dependendo dos exercícios que você pretende fazer.

Tapete de exercícios

Escolha um tapete antiderrapante e bem acolchoado para os exercícios no solo. Um tapete grosso ou toalhas são suficientes.

Pesos de mão

Dependendo da sua força atual, comece com conjuntos de pesos tão baixos quanto 1 quilo e 2 quilos, ou 3 quilos e 4 quilos. Adicione pesos mais pesados conforme necessário. Halteres com barras centrais acolchoadas e pesos em forma de D são fáceis de segurar. Também estão disponíveis bandas com pesos que se prendem aos pulsos e kits que permitem que você aparafuse pesos em uma barra central. Pesos são um bom lugar para economizar dinheiro, verificando lojas de revenda de esportes.

Bandas ou tubos de resistência

Bandas ou tubos de resistência podem ser usados para um treino de força de corpo inteiro. Recursos atraentes incluem baixo custo, leveza, portabilidade e facilidade de armazenamento.

Assim como acontece com os pesos, você pode medir o quão desafiador é a resistência por quantas repetições de um exercício você pode fazer: se menos de oito, a resistência é muito alta; se mais de 12, é muito baixo. Posicionar as mãos ou pés mais próximos ou afastados na faixa ou tubo antes de iniciar um exercício ajuda a variar a resistência. Experimente posições diferentes para aprender o que torna as repetições mais fáceis ou mais difíceis.

Bandas

Parecem elásticos grandes e largos. Eles vêm em vários níveis de resistência, de muito leves a muito pesados, designados por cores.

Tubulação

Procure por tubos com alças acolchoadas em cada extremidade. Eles também vêm em vários níveis de resistência, de muito leves a muito pesados, designados por cores. Algumas marcas vêm com um acessório de porta útil para ancorar o tubo no lugar ao fazer certos exercícios de força.

CAPÍTULO 9

DICAS DE DIETA PARA MANTER O CORPO EM FORMA E SAUDÁVEL

Um dos projetos mais valiosos na vida de qualquer pessoa é aquele que proporciona um corpo saudável. É natural que todo ser humano pense dessa maneira.

Principalmente, quando temos o hábito de colocar as coisas importantes a serem feitas mais tarde e é isso que acontece com esses projetos.

Se você deseja iniciar um projeto, você precisa definir objetivos que sejam práticos e sensatos. Essas metas seriam fáceis de serem alcançadas, pois não haveria muita pressão sobre você. Digamos que perder 2 quilos não seja uma meta que não possa ser alcançada, é uma abordagem realista.

Este é um objetivo que qualquer pessoa pode alcançar sem muita pressão. E a regra é não se assustar com os objetivos, pois há muitas ideias que podem assimilar a mente junto com o corpo e coragem para ficarmos firmes na decisão.

Vamos enfrentá-lo - há uma quantidade impressionante de informações na Internet sobre como perder peso rapidamente e finalmente entrar em forma.

Se você está procurando as melhores dicas sobre como perder peso e mantê-lo assim, esta quantidade aparentemente interminável de conselhos pode ser opressora e confusa.

De dietas que promovem alimentos crus à planos de refeições que giram em torno de shakes e alimentos pré-embalados, uma nova dieta da moda parece surgir todos os dias.

O problema é que, embora dietas muito restritivas e planos de refeição de eliminação provavelmente resultem em perda de peso a curto prazo, a maioria das pessoas não consegue mantê-los e acaba jogando a toalha dentro de algumas semanas.

Embora perder 4,5 kg em uma semana por seguir uma dieta da moda possa parecer tentador, a realidade é que esse tipo de perda de peso costuma ser prejudicial à saúde e se torna insustentável.

A verdadeira chave para uma perda de peso segura e bem-sucedida é adotar um estilo de vida saudável que se adapte às suas necessidades individuais e que você possa manter por toda a vida.

As melhores dicas para perder peso e melhorar sua saúde

1. Se entupa de fibra

A fibra é encontrada em alimentos saudáveis, incluindo vegetais, frutas, feijão e grãos inteiros. Alguns estudos mostraram que simplesmente comer mais alimentos ricos em fibras pode te ajudar a perder peso e mantê-lo assim.

Aumentar a ingestão é tão fácil quanto adicionar feijão à salada, comer aveia no café da manhã ou beliscar nozes/sementes ricas em fibras.

2. Açúcar vai parar na vala

Açúcar adicionado, especialmente de bebidas açucaradas, é uma das principais razões para ganho de peso prejudicial à saúde e problemas de saúde como diabetes e doenças cardíacas.

Além disso, alimentos como doces, refrigerantes e assados que contêm muitos açúcares adicionados tendem a ter muitos poucos nutrientes de que seu corpo precisa para se manter saudável.

Cortar alimentos ricos em açúcares adicionados é uma ótima maneira de perder o excesso de peso.

É importante observar que mesmo os alimentos promovidos como "saudáveis" ou "orgânicos" podem ter muito açúcar. Portanto, ler os rótulos nutricionais é uma obrigação.

3. Tenha espaço para a gordura saudável

Embora a gordura geralmente seja a primeira coisa a ser cortada quando você está tentando emagrecer, as gorduras saudáveis podem ajudá-lo a atingir seus objetivos de perda de peso.

Na verdade, seguir uma dieta rica em gorduras, rica em alimentos como azeite, abacate e nozes, demonstrou maximizar a perda de peso em vários estudos.

Além disso, as gorduras ajudam você a ficar mais satisfeito por mais tempo, diminuindo os desejos e ajudando você a se manter no caminho certo.

4. Minimize as distrações

Embora consumir refeições em frente à TV ou ao computador possa não parecer uma sabotagem da dieta, comer distraído pode fazer com que você consuma mais calorias e ganhe peso.

Comer na mesa de jantar, longe de possíveis distrações, não é apenas uma boa maneira de manter o peso baixo, mas também permite que você tenha tempo para se reconectar com seus entes queridos. Os smartphones são outro dispositivo que você deve deixar de lado enquanto está comendo. Percorrer os e-mails ou o feed do Instagram ou do Facebook é tão perturbador quanto uma TV ou computador.

5. Siga o seu caminho para a saúde

Muitas pessoas acreditam que devem adotar uma rotina de exercícios rigorosa para iniciar a perda de peso.

Embora diferentes tipos de atividade sejam importantes quando você está tentando entrar em forma, caminhar é uma maneira excelente e fácil de queimar calorias.

Demonstrou-se que apenas 30 minutos de caminhada por dia ajudam na perda de peso.

Além disso, é uma atividade divertida que você pode fazer dentro e fora de casa a qualquer hora do dia.

6. Traga à tona o seu chef de cozinha interior

Preparar mais refeições em casa promove a perda de peso e uma alimentação saudável.

Embora comer em restaurantes seja agradável e possa se encaixar em um plano de dieta saudável, concentrar-se em preparar mais refeições em casa é uma ótima maneira de manter o peso sob controle.

Além do mais, preparar refeições em casa permite que você experimente ingredientes novos e saudáveis enquanto economiza dinheiro ao mesmo tempo.

7. Tenha um café da manhã rico em proteínas

A inclusão de alimentos ricos em proteínas, como ovos, no café da manhã, demonstrou ser benéfico para a perda de peso.

Simplesmente trocar sua tigela diária de cereal por uma mistura cheia de proteínas, feita com ovos e vegetais refogados, pode ajudá-lo a perder peso.

O aumento da ingestão de proteínas pela manhã também pode ajudá-lo a evitar lanches prejudiciais à saúde e melhorar o controle do apetite ao longo do dia.

8. Não beba as suas calorias

Embora a maioria das pessoas saiba que deve evitar refrigerantes e milk shakes, muitas pessoas não percebem que mesmo as bebidas anunciadas para aumentar o desempenho atlético ou melhorar a saúde podem ser carregadas com ingredientes indesejados.

As bebidas esportivas, as bebidas com café e as águas aromatizadas tendem a ser muito ricas em calorias, corantes artificiais e adição de açúcar.

Mesmo o suco, que muitas vezes é promovido como uma bebida saudável, pode levar ao ganho de peso se você consumir muito.

Concentre-se na hidratação com água para minimizar o número de calorias que você ingere ao longo do dia.

9. Compre de forma inteligente

Criar uma lista de compras e cumpri-la é uma ótima maneira de evitar a compra impulsiva de alimentos não saudáveis.

Além disso, está comprovado que fazer uma lista de compras leva a uma alimentação mais saudável e promove a perda de peso.

Outra forma de limitar as compras não saudáveis no supermercado é fazer uma refeição ou lanche saudável antes de ir às compras.

Estudos têm mostrado que compradores famintos tendem a buscar alimentos não saudáveis e com alto teor calórico.

10. Mantenha-se Hidratado

Beber bastante água ao longo do dia é bom para a saúde no geral e pode até ajudar a manter um peso saudável.

Um estudo com mais de 9.500 pessoas descobriu que aqueles que não estavam adequadamente hidratados tinham índices de massa corporal (IMC) mais altos e eram mais propensos a serem obesos do que aqueles que estavam devidamente hidratados.

Além disso, as pessoas que bebem água antes das refeições comem menos calorias.

11. Pratique uma alimentação consciente

Apressar as refeições ou comer fora de casa pode levar você a consumir muito, muito rapidamente.

Em vez disso, preste atenção na comida, concentrando-se no sabor de cada mordida. Isso pode levá-lo a ter mais consciência de quando está satisfeito, diminuindo suas chances de comer em excesso.

Concentrar-se em comer devagar e saborear sua refeição, mesmo que você tenha pouco tempo, é uma ótima maneira de reduzir a ingestão excessiva.

12. Reduza os carboidratos refinados

Carboidratos refinados incluem açúcares e grãos que tiveram suas fibras e outros nutrientes removidos. Os exemplos incluem farinha branca, macarrão e pão. Esses tipos de alimentos são pobres em fibras, são digeridos rapidamente e só te mantém saciado por um curto período.

Em vez disso, escolha fontes de carboidratos complexos como aveia, grãos antigos como quinoa e cevada ou vegetais como cenoura e batata.

Eles ajudarão a mantê-lo satisfeito por mais tempo e contêm muito mais nutrientes do que fontes refinadas de carboidratos.

13. Levante pesos mais pesados para ficar mais leve

Embora exercícios aeróbicos como caminhada rápida, corrida e ciclismo sejam excelentes para perda de peso, muitas pessoas tendem a se concentrar apenas em exercícios aeróbicos e não adicionam treinamento de força às suas rotinas.

Adicionar levantamento de peso à sua rotina de ginástica pode ajudá-lo a construir mais músculos e tonificar todo o seu corpo.

Além do mais, estudos mostraram que o levantamento de peso dá um pequeno impulso ao seu metabolismo, ajudando você a queimar mais calorias ao longo do dia, mesmo quando você está em repouso.

14. Estabeleça metas significativas

Vestir jeans do colégio ou ficar melhor em um maiô são razões populares pelas quais as pessoas querem perder peso.

No entanto, é muito mais significativo entender verdadeiramente por que você deseja perder peso e como a perda de peso pode afetar positivamente sua vida. Ter esses objetivos em mente pode ajudá-lo a cumprir seu plano.

Ser capaz de brincar de pega-pega com seus filhos ou ter força para dançar a noite toda no casamento de um ente querido são exemplos de objetivos que podem mantê-lo comprometido com uma mudança positiva.

15. Evite as dietas da moda

As dietas elegantes são promovidas por sua capacidade de ajudar as pessoas a perder peso rapidamente. No entanto, essas dietas tendem a ser muito restritivas e difíceis de manter. Isso leva à dieta "ioiô", na qual as pessoas perdem quilos apenas para recuperá-los. Embora esse ciclo seja comum para quem está tentando se recuperar rapidamente, a dieta "ioiô" foi associada a um maior aumento no peso corporal ao longo do tempo (21 Trusted Source, 22 Trusted Source).

Além disso, estudos demonstraram que a dieta "ioiô" pode aumentar o risco de diabetes, doenças cardíacas, hipertensão e síndrome metabólica (23 Trust Source).

Essas dietas podem ser tentadoras, mas encontrar um plano alimentar sustentável e saudável que nutra seu corpo em vez de privá-lo é uma escolha muito melhor.

16. Coma alimentos por inteiro

Acompanhar exatamente o que está acontecendo em seu corpo é uma ótima maneira de se manter saudável.

Comer alimentos inteiros que não vêm com uma lista de ingredientes garante que você está nutrindo seu corpo com alimentos naturais ricos em nutrientes.

Ao comprar alimentos com uma lista de ingredientes, menos é mais.

Se um produto contém muitos ingredientes com os quais você não está familiarizado, provavelmente não é a opção mais saudável.

17. Tenha um amigo que te anime

Se você está tendo problemas para seguir uma rotina de exercícios ou um plano de alimentação saudável, convide um amigo para se juntar a você e ajudá-lo a se manter na linha.

Estudos mostram que pessoas que emagrecem com um amigo são mais propensas a aderir a programas de perda de peso e exercícios. Eles também tendem a perder mais peso do que aqueles que fazem isso sozinhos.

Além disso, ter um amigo ou membro da família com os mesmos objetivos de saúde e bem-estar pode ajudá-lo a se manter motivado enquanto se diverte ao mesmo tempo.

18. Não se prive

Dizer a si mesmo que nunca mais comerá suas comidas favoritas não é apenas irreal, mas também pode levá-lo ao fracasso.

Privar-se só vai fazer você querer mais comida proibida e pode fazer com que você coma compulsivamente quando finalmente desabar.

Abrir espaço para indulgências apropriadas aqui e ali vai lhe ensinar a ter autocontrole e evitar que você se sinta ressentido com seu novo estilo de vida saudável.

Poder saborear uma pequena porção de uma sobremesa caseira ou deliciar-se com um dos pratos favoritos das festas faz parte de uma relação saudável com a comida.

19. Seja realista

Comparar-se com modelos em revistas ou celebridades na TV não é apenas irreal, mas também pode ser prejudicial à saúde.

Embora ter um modelo de comportamento saudável possa ser uma ótima maneira de se manter motivado, ser excessivamente crítico consigo mesmo pode prejudicá-lo e levar a comportamentos prejudiciais.

Tente se concentrar em como você se sente, em vez de se concentrar em sua aparência. Sua principal motivação deve ser ficar mais feliz, em forma e mais saudável.

20. Vegetais

Os vegetais são carregados de fibras e de nutrientes de que seu corpo anseia.

Além do mais, aumentar a ingestão de vegetais pode ajudá-lo a perder peso.

Estudos mostram que simplesmente comer uma salada antes da refeição pode ajudá-lo a se sentir satisfeito, fazendo com que coma menos.

Além disso, encher-se de vegetais ao longo do dia pode ajudar a manter um peso saudável e pode diminuir o risco de desenvolver doenças crônicas, como doenças cardíacas e diabetes.

21. Coma snacks conscientemente

Comer alimentos não saudáveis pode causar ganho de peso.

Uma maneira fácil de ajudá-lo a perder peso ou a manter um peso saudável é se esforçar para ter lanches saudáveis disponíveis em casa, no carro e no trabalho.

Por exemplo, armazenar porções pré-repartidas de nozes misturadas no carro ou deixar vegetais fatiados e húmus prontos na geladeira pode ajudá-lo a manter o controle quando surgir o desejo.

22. Preencha o vazio

O tédio pode levá-lo a buscar alimentos não saudáveis.

Estudos mostraram que ficar entediado contribui para um aumento no consumo geral de calorias porque influencia as pessoas a comer mais alimentos saudáveis e não saudáveis.

Encontrar novas atividades ou passatempos de que goste é uma excelente forma de evitar o sobreaquecimento causado pelo tédio.

Simplesmente dar um passeio e desfrutar da natureza pode ajudá-lo a ter uma melhor mentalidade para se manter motivado e cumprir seus objetivos de bem-estar.

23. Reserve um tempo para si mesmo

Criar um estilo de vida mais saudável significa encontrar tempo para se colocar em primeiro lugar, mesmo que você não ache que seja possível.

A vida muitas vezes atrapalha a perda de peso e as metas de preparação física, por isso é importante criar um plano que inclua o tempo pessoal e cumpri-lo.

Responsabilidades como trabalho e paternidade são algumas das coisas mais importantes na vida, mas sua saúde deve ser uma de suas principais prioridades.

24. Encontre exercícios de que você gosta

A grande vantagem de escolher uma rotina de exercícios é que as possibilidades são infinitas. Embora suar durante uma aula de spinning possa não ser sua preferência, fazer mountain bike em um parque pode ser mais agradável.

Certas atividades queimam mais calorias do que outras. No entanto, você não deve escolher um treino com base apenas nos resultados que você acha que obterá dele.

É importante encontrar atividades que você esteja ansioso para fazer e que o façam feliz. Dessa forma, é mais provável que você permaneça com eles.

25. Suporte é tudo

Ter um grupo de amigos ou familiares que apoie você em seus objetivos de peso e bem-estar é fundamental para uma perda de peso bem-sucedida.

Cercar-se de pessoas positivas que o fazem se sentir bem quanto a criar um estilo de vida saudável o ajudará a se manter motivado e no caminho certo.

Estudos têm mostrado que participar de grupos de apoio e ter uma rede social forte ajuda as pessoas a perder peso e mantê-lo.

Compartilhar seus objetivos com amigos e familiares confiáveis e encorajadores pode ajudá-lo a se manter responsável e a prepará-lo para o sucesso.

Se você não tem uma família ou grupo de amigos que o apoiam, tente entrar em um grupo de apoio. Há um grande número de grupos que se reúnem pessoalmente ou online.

Quer isso signifique preparar um almoço saudável para levar para o trabalho, correr ou fazer uma aula de ginástica, dedicar um tempo para cuidar de si mesmo pode fazer maravilhas para sua saúde física e mental.

Conclusão

Embora existam muitas maneiras de perder peso, encontrar uma alimentação saudável e um plano de exercícios que você possa seguir por toda a vida é a melhor maneira de garantir uma perda de peso bem-sucedida em longo prazo.

Embora as dietas da moda possam oferecer uma solução rápida, muitas vezes não são saudáveis e privam o corpo dos nutrientes e calorias de que necessita, levando a maioria das pessoas a voltar aos hábitos pouco saudáveis depois de atingir sua meta de perda de peso.

Ser mais ativo, focar em alimentos integrais, reduzir o açúcar adicionado e reservar tempo para si mesmo são apenas algumas maneiras de ficar mais saudável e feliz.

Lembre-se de que a perda de peso não é algo que sirva para todos. Para ter sucesso, é importante encontrar um plano que funcione para você e se ajuste bem ao seu estilo de vida.

Também não é um processo de tudo ou nada. Se você não pode se comprometer com todas as sugestões neste artigo, tente começar com apenas algumas que você acha que funcionarão para você. Eles o ajudarão a alcançar seus objetivos de saúde e bem-estar com segurança e sustentabilidade.

A "boa forma" se refere essencialmente ao estado de ser saudável. como resultado, será incrível se os humanos se comprometerem com a saúde por toda uma vida.

Está bem afirmado na Bíblia que o nosso corpo é o nosso templo. Consequentemente, devemos preservá-lo. Por isso, reter a saúde da mente e corpo é um ato nobre.

No entanto, via de regra, isso envolve uma quantidade notável de tentativas, bem como de movimentos. De qualquer forma, independente de quão duro seja, o fruto é muito lucrativo. Estilos de vida felizes e saudáveis, nem todos têm mais o privilégio de tê-lo, mas são mais eficazes para poucos dirigentes.

Exercícios de saúde podem ser muito essenciais para o habitual, por meio de exercícios físicos, os humanos podem lutar contra várias doenças. Uma delas é a doença assassina, a dor no coração.

Infelizmente, cada vez mais as pessoas de hoje em dia tendem a ignorar esse tipo de interesse. Por isso, cada vez mais os seres humanos sofrem de doenças específicas. Nenhuma empresa de sanatório da Marvel está prosperando ganhando muitos clientes, mesmo que seja a quilômetros de distância do desejo desses sofredores.

Na realidade, os esportes orientados para atingir a saúde de acordo com o Conselho da Presidência sobre saúde física e de profissionais de saúde preferidos não são comumente seguidos com o auxílio de estudantes universitários do ensino médio atualmente. A mentalidade de negligenciar a aptidão física desses jovens é geralmente realizada usando-os à medida que se tornam maduros. Claro, pode haver um crescimento na grande variedade de pacientes de várias doenças resultantes da resistência vulnerável.

O Instituto Nacional de Envelhecimento confirmou um arquivo de que os EUA incorporam 58 por cento dos que estão engajados em uma aplicação de saúde vitalícia. E este aplicativo de condicionamento físico termina melhor em seu tempo livre. Simples, cerca de 26% estão frequentemente atuando no programa de saúde vitalício. Geralmente, cerca de três vezes por semana.

A importância da dedicação aos exercícios para toda a vida é constantemente sobrecarregada, mas, mais pessoas regularmente tendem a negligenciá-lo regularmente, as pessoas costumam descartar a realidade de que podem realmente fazer uma melhoria ao custo de sua existência. No máximo, possivelmente, você já ouviu que as causas comuns de mortes neste país são dores de cabeça, derrame, ferimentos devido a acidentes não intencionais, a maioria dos cânceres e doenças respiratórias com diminuição persistente. Essas doenças são as cinco causas mais comuns de morte a cada ano, conforme declarado pelo centro de tratamento de doenças.

Considere isso. Todas as causas comuns de mortes mencionadas podem ser evitadas sem dificuldade. Mas o melhor é que os seres humanos dêem atenção suficiente aos exercícios para atingir a saúde, muito mais se eles se dedicam à saúde para a vida toda. No entanto, certamente, as mortes não intencionais são excluídas.

Embora nos referindo a um software de saúde vitalício, não somos os mais eficazes para lidar com exercícios físicos. Mas também, este software inclui um plano de perda de peso que deseja ser atendido.

É muito próximo que, com a dedicação vitalícia à saúde corporal, os estilos de vida possam ser prolongados. E sem dúvida apreciado. Com um pensamento e um corpo saudável, você pode desfrutar da existência extra, você pode escolher as flores mais cheirosas do campo.

A venda final é sua. Você será cuidadoso com sua forma física e decidirá sobre a saúde para toda a vida? Ou você apenas prefere abusar dela e sofrer mais a longo prazo?

A condição na qual alguém está apto é o que se chama de "aptidão". Seria excelente se todos nós cuidássemos da boa forma desde o início da vida até o fim dela.

Como já foi dito nos livros sagrados, o corpo humano é como um templo e deve-se ter como dever salvaguardá-lo. Cuidar da mente e do corpo é um ato gracioso.

Deve-se fazer um grande esforço e também trabalhar muito para mantê-lo. Embora exija uma quantidade grande de trabalho, o resultado é muito satisfatório. Apenas um punhado de pessoas recebe a recompensa de uma vida saudável e alegre. Esta é apenas a virtude da "assiduidade".

Uma das coisas importantes a serem acrescentadas à rotina são os exercícios físicos. Junto com o condicionamento físico também desenvolve o potencial de lutar contra as doenças e as doenças cardíacas também podem ser controladas.

O triste fato é que nem todas as pessoas se envolvem em tais atividades atualmente. Esta é a principal causa de várias doenças no momento. Com o aumento do número de hospitais, isso se tornou uma indústria que está prosperando no mercado.

Não é que os pacientes tenham escolhido ser assim.

Não são seguidas as atividades de fitness sugeridas aos alunos das escolas, ministradas pelo Conselho da Presidência, conselho de fitness e saúde. Se isso for feito, pode haver uma mudança na proporção.

Há uma tendência de que os jovens passem a negligenciar a atividade física e a necessidade de preparo físico quando chegam à fase adulta. Isso reduz o poder de resistência contra doenças e, em última análise, o número de pacientes passa a aumentar.

O número de pessoas que fazem exercícios físicos para manter a forma dentro de sua rotina para o resto da vida é de apenas 58% de toda a população. E o fato interessante é que essa rotina é seguida nas horas vagas. Por outro lado, aqueles que consideram o programa de condicionamento físico essencial na vida são apenas cerca de 26%. Frequentemente, digamos apenas três vezes por semana.
Este é o relatório do Instituto Nacional do Envelhecimento.

É essencial se comprometer com exercícios para o resto da vida. Porém, é um fato comprovado que muitas pessoas ignoram isso. O motivo é que muitas pessoas pensam que isso não melhora muito o valor da vida que alguém leva.

Foi relatado que a maioria das mortes são causadas por problemas cardíacos e acidentes que ocorrem como resultado de lesões que não são doenças intencionais, crônicas ou câncer. Essas são as razões mais comuns de mortes na atualidade.

É preciso apenas pensar por um momento que todas as doenças mencionadas acima podem ser prevenidas. E isso pode ser feito simplesmente adicionando exercícios à sua rotina. Você deve se comprometer com essa rotina para o resto da vida. Mas sim, as mortes acidentais não devem ser incluídas nisso.

4 razões para justificar a importância de ser fitness

O condicionamento físico é uma parte importante de nossa saúde geral por muitas razões, mas o que exatamente é o condicionamento físico? Isso não significa que você pode levantar pesos realmente pesados ou mesmo correr uma maratona, embora as pessoas que podem fazer isso certamente estejam em forma. Para a pessoa média, a boa forma em uma academia de ginástica ou em grupo nos ajuda a viver a vida ao máximo e abrange três partes importantes do nosso ser: saúde física, mental e emocional.

Os médicos estão cada vez mais conscientes de que os três aspectos de uma pessoa, acima de tudo, desempenham um papel no estado de nossa saúde física. Por exemplo, se alguém está sob muita tensão emocional ou mental, isso pode fazer com que adoeça. Esse estresse pode causar úlceras, ataques cardíacos, derrames, problemas digestivos e muito mais. Mas se o corpo estiver em forma, a pessoa terá uma saúde geral melhor e será capaz de evitar muitas doenças físicas.

No entanto, quando pensamos em aptidão, ou estar em forma, normalmente estamos nos referindo à aptidão física e ela é importante por várias razões:

- Estar fisicamente apto ajuda a manter a pressão arterial sob controle. O coração é um músculo e se ele não for exercitado, então não será saudável. Quando você está em forma, seu coração tem menos probabilidade de desenvolver as muitas doenças cardíacas encontradas em tantas pessoas hoje. Caminhar é considerado a melhor maneira de permanecer em forma, 2.000 passos por dia é excelente para exercitar o coração e manter as articulações flexíveis.

- Por falar em articulações, exercício - ou ficar em boa forma - é bom para qualquer pessoa com artrite ou músculos rígidos. Exercícios leves, como caminhar ou nadar, ajudam a fortalecer os músculos, articulações e ligamentos para que a amplitude de movimento seja mantida ou mesmo aumentada.

- Estar em forma é causado pela atividade física, mas esse tipo de exercício também nos torna mais saudáveis emocionalmente. Isso nos dá um senso de propósito e reduz os sentimentos de depressão e letargia. Ao sair para passear, você verá ou conhecerá outras pessoas e essa interação social também é necessária para mantê-lo de bem consigo mesmo e com a sua vida

- Estar em forma significa que você não estará acima do peso - ou, pelo menos, não tanto quanto aquelas pessoas que nunca se exercitam. O excesso de peso causa muitos problemas, desde juntas desgastadas à doenças cardíacas e muitos outros problemas intermediários, além de fazer você se sentir mal com sua própria imagem corporal. Quando você está em forma e é saudável, você tende a ficar cada vez mais confiante e feliz, pois você passa a procurar pessoas e atividades que te ajudam a aproveitar mais a vida.

Então, qual é a primeira coisa a fazer para começar a entrar em forma? Ir caminhar. Cada dia vá um pouco mais longe. Em breve você poderá caminhar dois quilômetros sem sentir falta de ar. Mas sempre consulte seu profissional de saúde antes de iniciar qualquer regime de condicionamento físico.

CONCLUSÃO

A vida está cheia de desculpas, mas a atividade física deve ser uma parte essencial da sua vida. Estar em forma o ajudará a permanecer jovem por dentro e por fora, e pode ajudá-lo a passar as próximas décadas sentindo-se forte e saudável.

Tornar-se fisicamente apto também requer uma mudança no estilo de vida. Você terá que incorporar uma rotina de exercícios regulares em sua vida e também se alimentar de forma mais saudável. Ao evitar comidas não-saudáveis (ultraprocessadas), refrigerantes, maus hábitos como fumo e álcool, e tendo uma quantidade adequada de descanso, você será capaz de se tornar fisicamente e mentalmente apto. Apenas eliminando todas essas substâncias alimentares de sua vida, não importa o quão temporariamente, você permitirá que seu corpo se desintoxique e se torne mais forte. Certifique-se de passar mais tempo ao ar livre, ao sol e ao ar fresco e participe de atividades mais saudáveis. Pescar, andar de bicicleta, nadar, fazer caminhadas e até jogar futebol com seus filhos deve fazer parte do seu estilo de vida fisicamente apto.

Ao se tornar mais ativo, você pode aumentar os níveis de condicionamento físico do seu corpo e também evitar o desenvolvimento de problemas de saúde como diabetes e hipertensão. O exercício também é bom para as articulações e torna o corpo mais forte em geral.

Sucesso!

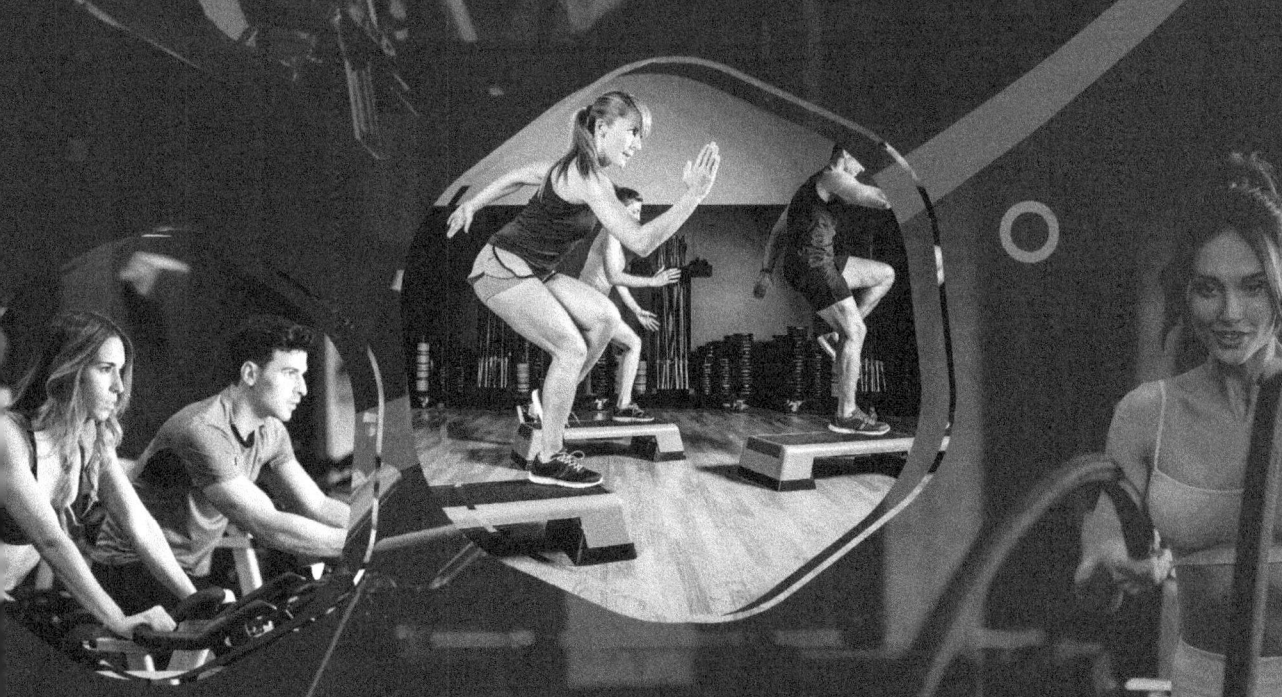

CardioFitness

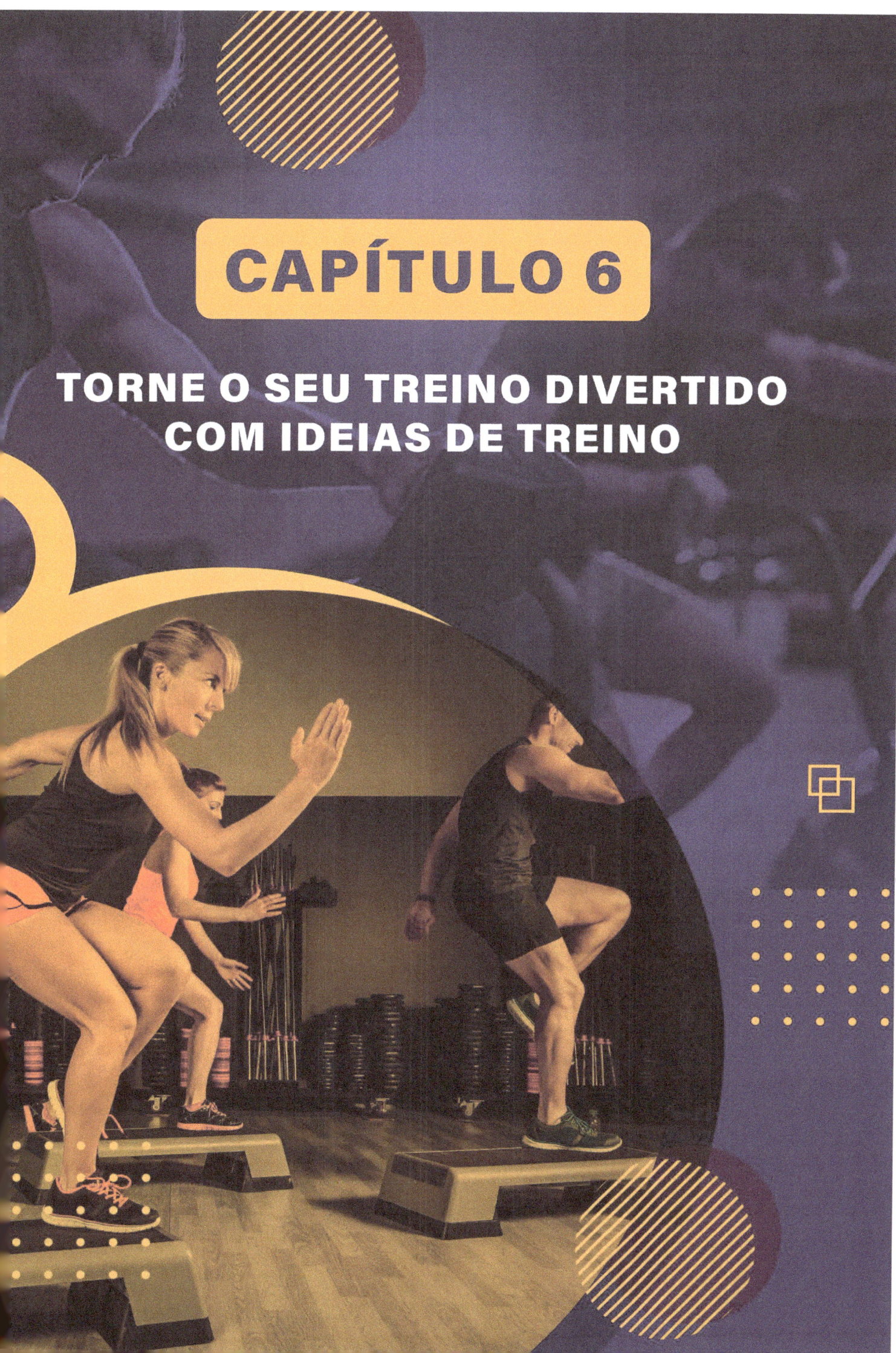

SELECIONANDO O PERSONAL TRAINER CERTO PARA VOCÊ

Aprenda Tudo Sobre Exercícios Cardiovasculares, Equipamentos e Planejamento Para Obter um Corpo em Forma e Mais Forte!

SER FITNESS DEFINITIVAMENTE NÃO É UMA PERDA DE TEMPO